"十四五"职业教育国家规划教材

汽车发动机电器与控制系统检修

(第2版)

全国交通运输职业教育教学指导委员会
中国汽车维修行业协会　组织编写

姚秀驰　主　编
王　福　范先波　副主编

人民交通出版社股份有限公司
北京

内 容 提 要

本书为"十四五"职业教育国家规划教材,主要内容包括:检修汽车电器与控制系统的基本技能、检修汽车电源系统、检修汽车起动系统、检修发动机电子控制单元、检修燃油供给系统、检修电控点火系统、检修进气系统和检修排放控制系统。

本书适用于中等职业学校汽车运用与维修专业的教学,还可供广大汽车工程技术人员自学之用。

图书在版编目(CIP)数据

汽车发动机电器与控制系统检修/姚秀驰主编.—2版.—北京:人民交通出版社股份有限公司,2021.9
中等职业教育汽车专业技能课教材
ISBN 978-7-114-17604-3

Ⅰ.①汽… Ⅱ.①姚… Ⅲ.①汽车—发动机—电气设备—车辆修理—中等专业学校—教材②汽车—发动机—控制系统—车辆修理—中等专业学校—教材 Ⅳ.①U472.43

中国版本图书馆 CIP 数据核字(2021)第 189553 号

书　　名:	汽车发动机电器与控制系统检修(第2版)
著 作 者:	姚秀驰
责任编辑:	戴慧莉
责任校对:	孙国靖　宋佳时
责任印制:	刘高彤
出版发行:	人民交通出版社股份有限公司
地　　址:	(100011)北京市朝阳区安定门外外馆斜街3号
网　　址:	http://www.ccpcl.com.cn
销售电话:	(010)59757973
总 经 销:	人民交通出版社股份有限公司发行部
经　　销:	各地新华书店
印　　刷:	北京市密东印刷有限公司
开　　本:	787×1092　1/16
印　　张:	14
字　　数:	258千
版　　次:	2017年3月　第1版 2021年9月　第2版
印　　次:	2024年1月　第2版　第2次印刷　总第5次印刷
书　　号:	ISBN 978-7-114-17604-3
定　　价:	38.00元

(有印刷、装订质量问题的图书,由本公司负责调换)

编审委员会

主　　任：王怡民（浙江交通职业技术学院）
副 主 任：刘建平（广州市交通运输职业学校）　　杨经元（云南交通技师学院）
　　　　　赵　琳（北京交通运输职业学院）　　　张京伟（中国汽车维修行业协会）
　　　　　陈文华（浙江交通职业技术学院）　　　王凯明（中国汽车维修行业协会）
特邀专家：朱　军（中国汽车维修行业协会）　　　魏俊强（北京祥龙博瑞汽车服务有限公司）
　　　　　张小鹏（庞贝捷漆油（上海）有限公司）　刘　亮（麦特汽车服务股份有限公司）
委　　员：（按姓氏笔画排序）
　　　　　毛叔平（上海市南湖职业学校）　　　　王　健（贵阳市交通技工学校）
　　　　　王彦峰（北京交通运输职业学院）　　　王　强（贵州交通职业技术学院）
　　　　　占百春（苏州建设交通高等职业技术学校）刘新江（四川交通运输职业学校）
　　　　　刘宣传（广州市公用事业技师学院）　　齐忠志（广州市交通运输职业学校）
　　　　　吕　琪（成都工业职业技术学院）　　　李　青（四川交通运输职业学校）
　　　　　李雪婷（成都汽车职业技术学校）　　　李春生（广西交通技师学院）
　　　　　李文慧（新疆交通职业技术学院）　　　李　晶（武汉市东西湖职业技术学校）
　　　　　陈　虹（浙江交通技师学院）　　　　　陈文均（贵州省交通运输学校）
　　　　　陈社会（无锡汽车工程高等职业技术学校）张　炜（青岛交通职业学校）
　　　　　杨永先（广东省交通运输高级技工学校）　杨承明（杭州技师学院）
　　　　　杨建良（苏州建设交通高等职业技术学校）杨二杰（四川交通运输职业学校）
　　　　　陆松波（慈溪市锦堂高级职业中学）　　何向东（广东省清远市职业技术学校）
　　　　　邵伟军（杭州技师学院）　　　　　　　周志伟（深圳市宝安职业技术学校）
　　　　　林育彬（宁波市鄞州职业高级中学）　　易建红（武汉市交通学校）
　　　　　林治平（厦门工商旅游学校）　　　　　胡建富（浙江交通技师学院）
　　　　　赵俊山（济南理工中等职业学校）　　　荆叶平（上海市交通学校）
　　　　　郭碧宝（广州市交通技师学院）　　　　姚秀驰（贵阳市交通技工学校）
　　　　　崔　丽（北京市丰台区职业教育中心学校）曾　丹（佛山市顺德区中等专业学校）
　　　　　蒋红梅（重庆市立信职业教育中心）　　喻　媛（柳州市交通学校）

第2版前言
Preface

本套由全国交通运输职业教育教学指导委员会、中国汽车维修行业协会组织编写的教材，自2017年3月出版以来，多次重印，被全国多所中等职业学校选为教学用书，受到了广大师生的好评。

为了体现职业教育新理念，贴近汽车运用与维修专业实际教学目标，促进"教、学、做"更好地结合，突出对学生实践能力的培养，使之成为技能型人才，2020年11月，人民交通出版社股份有限公司吸取教材使用学校的意见和建议，组织相关老师，经过认真研究和充分讨论，确定了修订方案，对本套教材进行了修订。通过教材修订，使教材在结构和内容上与教学内容更加吻合。

《汽车发动机电器与控制系统检修（第2版）》是其中的一本，此次修订内容如下：

1. 删除项目四，将学习任务8的内容调整到项目一变更为学习任务2，更新了故障诊断仪型号；
2. 删除了学习任务11、学习任务16和学习任务18；
3. 修订了书中错误，更新了部分文字内容和图片；
4. 调整了建议课时分配；
5. 配套的电子课件也进行了修订。

本书由贵阳市交通技工学校姚秀驰担任主编，由新疆政法学院王福、贵州机电职业技术学院范先波担任副主编；贵州交通技师学院胡杰、贵阳市交通技工学校崔雪情、陈锡云、李学友、吴吉挑、李娜洁、汤达、王建参与了编写和修订。

作　者
2021年4月

目录 Contents

项目一　检修汽车电器与控制系统的基本技能 ······ 1
 学习任务 1　汽车诊断策略与检修准备 ······ 1
 学习任务 2　运用故障诊断仪读取故障码 ······ 12
 学习任务 3　汽车线束故障类型分析处理 ······ 22

项目二　检修汽车电源系统 ······ 32
 学习任务 4　检测与更换蓄电池 ······ 32
 学习任务 5　发电机就车检查与更换 ······ 43
 学习任务 6　拆检发电机 ······ 52

项目三　检修汽车起动系统 ······ 65
 学习任务 7　检修现代汽车起动系统 ······ 65
 学习任务 8　就车检查与整体更换起动机 ······ 79

项目四　检修发动机电子控制单元 ······ 91
 学习任务 9　检修发动机电子控制单元电源电路 ······ 91

项目五　检修燃油供给系统 ······ 108
 学习任务 10　检修燃油泵及其控制电路 ······ 108
 学习任务 11　检修喷油器及其电路 ······ 120

项目六　检修电控点火系统 ······ 131
 学习任务 12　就车检修电控点火系统 ······ 131
 学习任务 13　检修电控点火系统各组成元件 ······ 145

项目七　检修进气系统 ······ 160
 学习任务 14　利用自诊断系统对进气系统进行综合分析与诊断 ······ 160
 学习任务 15　检修 VVT 装置与进气系统其他电子装置 ······ 176

项目八　检修排放控制系统 ······ 196
 学习任务 16　检修排气与燃油蒸发控制装置 ······ 196

附件 1　发动机电子控制系统诊断推理训练作业单 ······ 210
附件 2　发动机电子控制系统诊断评分表 ······ 211
附件 3　通用车系发动机电子电器示意符号集 ······ 213
参考文献 ······ 215

项目一　检修汽车电器与控制系统的基本技能

学习任务1　汽车诊断策略与检修准备

 学 习 目 标

☞ **知识目标**

1. 熟悉诊断策略的基本内容；
2. 掌握维修计划的具体内容。

☞ **技能目标**

1. 学会收集在检修车辆的过程中需要的资料；
2. 学会制订汽车检修方案。

☞ **素养目标**

1. 做好交接检修车辆时的团队协作；
2. 学会与送修客户的必要沟通。

 建议课时

4课时。

一辆轿车，在行驶中驾驶人发现雾灯不亮，于是将车开到修理厂，要求修理人员做一些基本检查，以判断车辆出现的问题。

一 理论知识准备

1 故障诊断

故障诊断是指在整车不解体的情况下,确定汽车的技术状况,查明故障部位和原因的汽车应用技术。要对系统进行故障诊断,首先必须对其进行检测,在发生系统故障时,对故障类型、故障部位及原因进行诊断分析,最终给出解决方案,实现故障排除。

2 故障诊断的主要任务

故障诊断的主要任务有:故障检测、故障类型判断、故障定位及故障排除等。故障检测是指诊断仪与系统建立连接后,周期性地向各系统控制单元发送检测信号,通过接收的响应数据帧,判断系统是否产生故障;故障类型判断是系统在检测出故障之后,通过分析原因,判断出系统故障的类型;故障定位是在前述两步的基础之上,细化故障种类,诊断出系统具体故障部位和故障原因,为故障排除做准备;故障排除是整个故障诊断过程中最后也是最重要的一个环节,需要根据故障原因,采取不同的措施,对系统故障进行排除。

3 诊断策略

当针对具体诊断情况制订行动方案时,《维修手册》的"诊断策略"可提供参考。每种诊断情况分别遵循一种类似的方案,可最大限度地提高车辆诊断和修理效率。正确的诊断策略如图1-1所示。

尽管对每个诊断策略方框都进行了顺序编号,但在实际操作中也可以适当调整顺序。诊断程序的第一步必须是"了解并确认客户报修的故障",诊断程序的最后一步应是"维修并确认修复"。

(1)了解并确认客户报修的故障。从客户那里获取尽可能多的信息,如:车辆上是否安装了售后加装附件?何时出现该状况?何处出现该状况?该状况持续了多长时间?该状况多久发生一次?为了确认客户的报修问题,技术人员必须熟悉系统的正常操作情况,可参考随车配送的《用户手册》和《维修手册》,以获取所需的信息。

(2)车辆行驶状况是否符合设计要求。车辆按设计要求进行操作和运行时存在该故障现象,在与客户描述相同的条件下,用一辆同型号的正常车辆操作并进行比较,然后,向客户解释发现的问题和系统操作结果。

(3)初步检查——目视和操作。进行全面的目视检查,即预检。查看维修历史记

项目一 检修汽车电器与控制系统的基本技能

录,检查是否有异声或异味。采集故障诊断码(DTC)信息,以便进行有效的修理。

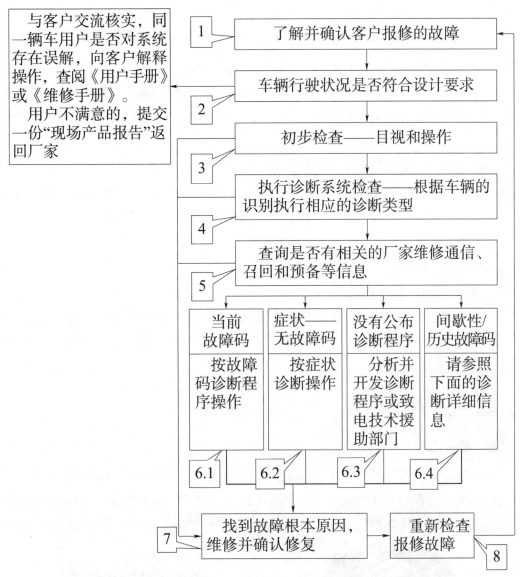

图1-1 汽车诊断策略框图

(4)执行诊断系统检查——根据车辆的识别,执行相应的诊断类型,确认系统是否正常运行。这样便可引导技术人员采用系统化的诊断方案,并确定所执行的诊断类别。

(5)查询是否有相关的厂家维修通信、召回和预备等信息(PI)。

(6)诊断类别。

①当前故障码:按照从诊断仪读出的故障码的诊断程序进行有效的诊断和修理。

②症状——无故障码:选择适当的故障诊断程序,按照诊断步骤或建议完成修理。

③没有公布诊断程序:需分析报修故障,自己制订诊断方案。《维修手册》中的示意图有助于查看系统电源搭铁输入和输出电路,还可以确定接头和其他多条线路相接的部位。查看部件的位置,确认部件、连接器或线束是否暴露在极端温度、湿度或腐蚀性环境(道路防冻盐、蓄电池酸液、机油或其他油液)。

④间歇性/历史故障码:间歇性故障是一种不连续出现,可能难以重现且仅在满足某些条件时出现的故障。一般情况下,间歇性故障由电气连接和接线故障、部件故障、电磁/收音机频率干扰、行驶条件或售后加装设备造成。

(7)找到故障根本原因,维修并确认修复。找到故障根本原因后,进行维修并通过执行"诊断修理检验"确认操作正确。确认故障码或故障症状已消除,这可能需要对车辆进行道路测试。

(8)重新检查报修故障,即故障恢复后的验证。如果技术人员不能成功地找到故障原因,则必须重新评估,重新确认客户报修故障。报修故障可能是间歇性情况,也可能是正常情况。

二 任务实施

❶ 准备工作

(1)准备一辆实训车辆,并将车辆停放在安全的检测区域,如图1-2所示。

(2)准备故障诊断仪,如图1-3所示(以下操作使用的是博世KT660故障诊断仪,也可以使用其他型号的故障诊断仪,参照操作)。

图1-2 准备实训用的轿车　　图1-3 博世KT660故障诊断仪

(3)准备手电筒、手套等目视检查所必须的物品和工具,如图1-4所示。

项目一　检修汽车电器与控制系统的基本技能

a)手电筒　　　　　　b)手套

图1-4　目视检查需要的物品和工具

（4）确认驻车制动器操纵杆已拉紧、变速器变速杆置于P挡或N挡，如图1-5所示。

（5）打开发动机舱盖，安装好翼子板布、前格栅布和防护三件套（转向盘套、变速杆套和驻车制动器操纵杆套）等车辆防护用品，如图1-6所示。

图1-5　确认驻车制动器操纵杆　　图1-6　安装车辆防护件
　　　　与变速杆的位置

② 技术要求与注意事项

（1）不同的车型和不同的发动机电子控制系统，其零部件型号和安装位置不尽相同，需视具体车型或发动机系统调整部件检查的方法、步骤。

（2）在必须拔出元器件的连接器之前，请先关掉点火开关。

③ 操作步骤

1）汽车检修的前期计划

做好检修的准备工作，运用故障诊断仪进行故障查询。根据故障码的指向进行因果分析，整理解决问题的思路，然后，针对这些问题进行信息收集、分析及制订工作计划和执行具体工作。图1-7所示为雾灯不亮的分析框图。

2）信息收集

（1）专业书籍。专业书籍的特点是内容系统化、条理清晰且关联性强。利用术语索引处的关键词可以很快找到所需信息。

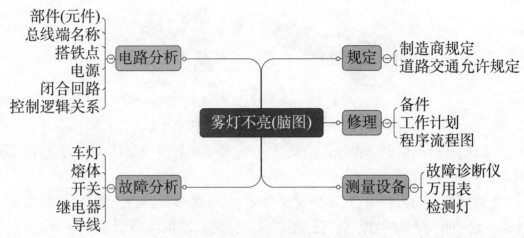

图1-7 雾灯不亮时的分析框图

(2)公司资料。汽车制造商、系统供应商和专业出版社出版的图书等信息资料,包括:有关系统结构和功能的技术信息、纸质电路图、电子版电路图等。

(3)专业杂志。专业杂志上刊登的汽车行业发展的最新情况,可通过每年发布一次的目录或术语索引找到所需的专业文章。

(4)互联网。组件和系统供应商、工作油液和辅助材料的制造商在互联网上发布的各种信息。

(5)法律规定,包括环境法规、道路交通许可规定、事故预防规定等。

(6)企业内部规定,包括企业制订的工作指导方案、废品(如蓄电池、机油等)处理方法和事故预防的有关规定。

3)电路图分析

汽车雾灯电路图如图1-8所示。

进行电路图分析,需要从以下方面进行:

(1)待维修的系统名称;

(2)电路图中的功能元件及设备标记;

(3)这些功能元件的任务;

(4)该系统电路的熔体;

(5)各个电路使用的熔体的电流;

(6)用于接通用电器的继电器;

(7)电缆的标记颜色;

(8)用中文和英文解释雾灯电路图的工作原理;

(9)该系统工作原理;

(10)12V/55W卤素灯泡的耗电量;

（11）从电源盒至总线端 30 继电器的导线的横截面,设置导线长度为 2.2m,允许电压损失最高为 0.5V;

（12）从配电盒开始电流的走向。在雾灯接通时,还是在远光灯接通时出现的故障。

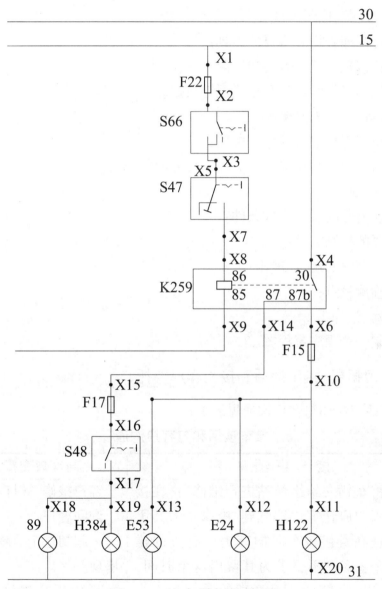

图 1-8　汽车雾灯电路图

4）安全措施,事故预防规定

这主要是指检查照明装置时必须采取的安全措施。

5）预防性措施

预防性措施是指修理前必须做好哪些准备工作。

6)故障诊断

(1)分析可能导致"雾灯不亮"故障的原因;

(2)确定故障范围;

(3)搭铁点确定。

7)工具、设备、检测工具

(1)执行修理委托时需要的工具;

(2)执行修理委托时需要的检测工具;

(3)待检测元件的实际数据或规定数据。

8)制造商规定、法律规定

(1)更换雾灯灯泡时的注意事项;

(2)道路交通许可规定中有关前雾灯方面的规定。

9)检测计划

(1)必须遵守的检测前提条件;

(2)需要的检测工具;

(3)必须遵守的规定/准则;

(4)明确测量点;

(5)明确规定值;

(6)绘制一个程序流程图。

三 学习拓展(接车谈话和接受客户委托)

接车谈话交流和与客户沟通见表1-1。

接车谈话和与客户沟通　　　　表1-1

接车事项	与客户交接交流
当客户将车辆交给维修站进行维修时,在接车谈话过程中应让客户感觉到,维修站为其留出了时间且在直接接车时向其提出有益的建议。即使许多客户不要求为其留出这个时间,让客户确信以下情况也是很重要的: ·客户可以自己看到其车的故障。 ·可以准确解释诊断结果。 ·需进行附加维修工作时,维修站不需再次询问客户。	客户报修:雾灯不亮 询问客户: ·起初这个故障是否偶尔出现? ·向用户提供直接接车服务。

续上表

接 车 事 项	与客户交接交流
·可以在客户在场时确认附加维修项目。让客户感觉到只进行了必要的维修工作。 ·如果客户事先知道所有的维修内容,则需要了解维修结算金额。 这个直接接车时间应为10~15min(计划),应填写接车表。 ×××先生　　　　委托编号: 　　　　　　　　　用户编号: 　　　　　　　　　委托日期: 车型　牌照号　车辆识别号 注册日期　发动机编号　接车人　电话号码 ___年__月__日 序号　工时　时间　工作说明　价格 01 预计完工日期:___年__月__日__时 此委托是在"书面确认车辆,总成及其零件维修工作估算费用条件"后才制作并当面交给我的。 车辆最终验收 日期　时间　验收人　里程数 　　　×××修理厂 　　　客户签名:_____	接车时现场直观检查: ·检查熔体。 ·检查灯泡。 ·用手轻轻叩击继电器壳体。 ·执行其他可行的直接接车项目 接受修理委托: ·询问客户姓名。 ·请客户出示机动车行驶证。 ·根据机动车行驶证上的数据进行车辆识别。 ·向客户解释可能的故障原因和工作范围。准确的故障原因必须通过测试电路确认,因为现场直观检查时没有看到明显的故障。 ·询问客户是否还有其他要求。 ·确认交车日期。 ·询问客户的电话号码,以便进行回访。 ·让客户确认并签字

四 评价与反馈

❶ 自我评价

(1)通过本学习任务的学习,你是否已经知道以下问题:

①如何理解汽车诊断策略?

②在接待客户车辆时,对汽车进行外观检测应注意哪些问题?

(2)汽车诊断策略及步骤中用到了哪些设备?

(3)汽车诊断策略及步骤完成情况如何?

(4)通过本学习任务的学习,你认为自己的知识和技能还有哪些欠缺?

签名:_____ ____年____月____日

❷ 小组评价(表1-2)

小组评价表 表1-2

序号	评价项目	评价情况
1	着装是否符合要求	
2	是否能合理规范地使用仪器和设备	
3	是否按照安全和规范的流程操作	
4	是否遵守学习、实训场地的规章制度	
5	是否能保持学习、实训场地整洁	
6	团结协作情况	

参与评价的同学签名:_____ ____年____月____日

❸ 教师评价

签名:_____ ____年____月____日

五 技能考核标准

汽车诊断与检修准备技能考核标准见表1-3。

技 能 考 核 标 准　　　　　　表1-3

序号	操 作 内 容	规定分	评 分 标 准	得分
1	记录车辆铭牌信息	5分	记录信息全面,缺少一个信息扣2分	
2	防护用品安装情况	10分	正确安装防护三件套、车轮挡块,未安装一个扣5分	
3	车身外观检查	10分	正确检查到车身漆面损伤和钣金件损伤,正确判别车辆的加装装置,如果缺少一个检测项目扣3分	
4	安全带检查	10分	正确检查到安全带的外观、锁止与预紧功能,检查的三个部分,缺少一个部分扣4分	
5	照明信号装置检查	20分	正确检测到示廓灯、前照灯和雾灯开关项目,少一个部分扣5分	
6	雾灯的针对性检查	20分	检测前后雾灯的开关、前雾灯、后雾灯三个部分,缺少一个扣5分	
7	诊断流程的编排	20分	正确列举出六个项目,缺少一个扣3分	
8	故障分析与判断	5分	分析并判断故障原因,缺少一个扣1分,扣完为止	
总　分		100分		

学习任务2　运用故障诊断仪读取故障码

学习目标

知识目标
1. 能叙述车辆自诊断系统的作用；
2. 清楚故障诊断仪读取故障码的基本流程。

技能目标
1. 学会使用故障诊断仪读取故障码；
2. 能在实车上找出各传感器、执行器，并对其进行外观检查。

素养目标
1. 爱惜现代精密贵重仪器，培养正确的制造强国、质量强国意识；
2. 了解我国汽车检修技术历史沿革，培养爱岗情怀。

建议课时

6课时。

一辆轿车，在行驶中驾驶人发现发动机故障指示灯经常点亮，于是将车开到修理厂，要求修理人员做基本检查，初步判断车辆出现了什么问题。

一　理论知识准备

1　发动机故障自诊断系统

现代车辆越来越多地运用电子控制系统进行管理，而各个系统间也越来越多地通过网络进行数据通信，在每个系统的控制策略中都包含有其自我检测与自诊断功能，统称为车载自诊断系统。发动机ECU的自诊断系统在正常工作的同时，还一直监视着电控系统各方面的信号，并把这些信号与内部程序存储器的标准进行比较，从而判断发动机电控系统是否有异常情况发生。一旦发现有任何不正常的信号或执行指令，系统都会设置故障码（DTC），并可能点亮仪表板上的故障指示灯MIL(或称Check Engine Light)以提示驾驶人立即进行检查维修,同时将异常状况存储在ECU中。检修人员运用故障诊断仪,通过车辆诊断接口读取故障码和相关数据,然后采用检查、分析、测量等手段找出故障点并进行维修。

(1)诊断接口。按照OBD-Ⅱ标准,现代汽车一般只有一个诊断接口,且都位于转向盘左下方。诊断接口又称为诊断连接器、诊断座、数据读取接口等,主要用于与故障诊断仪的连接。某些汽车还可用于人工读取故障码。

(2)故障指示灯。发动机故障指示灯安装在仪表中,如图2-1所示。当发动机电控系统出现与排放相关的传感器或系统故障时,故障指示灯会在发动机起动后和行驶中一直点亮。一旦该灯点亮,即提醒驾驶人尽快检修。

当待修车辆的故障指示灯点亮时,需要用汽车故障诊断仪读取故障码,为进一步诊断提供帮助。

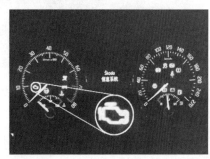

图2-1　发动机故障指示灯

❷ **故障诊断仪**

汽车故障诊断仪也称为故障检测仪、解码器、故障阅读仪、数据扫描仪等,如图2-2所示。其主要功能有:读取故障码、清除故障码、读取数据流、读取定格数据、动作测试、自适应匹配、读取控制单元版本号、控制单元编码等。

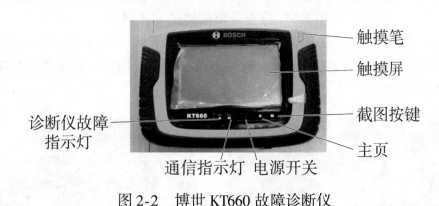

图2-2　博世KT660故障诊断仪

二 任务实施

❶ **准备工作**

(1)准备一辆实训车辆,并将车辆停放在安全的检测区域,如图2-3所示。

(2) 准备故障诊断仪,并确保开机自检正常,如图 2-4 所示(以下操作所用的是博世 KT660 故障诊断仪,也可以使用其他型号的故障诊断仪,参照操作)。

图 2-3　将实训车辆停放在安全的　　　图 2-4　KT660 故障诊断仪
　　　　　检测区域

(3) 准备手电筒、手套、万用表等目视检查所必须的物品和工具,如图 2-5 所示。

a)手电筒　　　　　b)手套　　　　　c)万用表

图 2-5　检查需要的物品和工具

(4) 确认驻车制动器操纵杆已拉紧、变速杆置于 P 挡或 N 挡,如图 2-6 所示。

(5) 打开发动机舱盖,安装好车辆挡块、翼子板布、防护三件套等车辆防护用品,如图 2-7 所示。

图 2-6　确认驻车制动器操纵杆　　　图 2-7　安装车辆防护件
　　　　　与变速杆的位置

项目一 检修汽车电器与控制系统的基本技能

2 技术要求与注意事项

（1）不同的车型和不同的发动机电子控制系统,其零部件型号和安装位置不尽相同,需视具体车型或发动机系统调整部件检查的方法、步骤。

（2）在必须拔出元器件的连接器之前,请先关掉点火开关(在科鲁兹轿车维修手册里,强调"关闭点火钥匙 2min 后才使所有车辆系统全部关断",也就是说应该关闭点火钥匙 2min 后再拔插元器件的连接器)。

3 操作步骤

1）利用故障诊断仪读取故障码

（1）选择合适的诊断接口(科鲁兹轿车的 LDE 发动机选用通用公司的专用"GM"接口),通过诊断仪专用数据线正确连接诊断仪,如图 2-8 所示。

（2）找到车辆的诊断插座(科鲁兹轿车的诊断插座在转向盘下方,OBD-Ⅱ以上的大部分车辆的诊断插座都在转向盘的下方),并将诊断接口插入车辆的诊断插座中,如图 2-9 所示。

图 2-8　连接诊断仪

图 2-9　将诊断仪连接到车上的诊断接口

（3）打开点火开关到 ON 挡,不起动发动机;同时按下 KT660 诊断仪的电源开关,系统自检后进入诊断仪的初始界面(主菜单),如图 2-10 所示。

（4）选择"汽车诊断",系统进入汽车图标界面。在弹出的汽车图标列表中找到并选择"通用",如图 2-11 所示。

（5）系统进入车辆选择,在弹出的"选择年款"界面,选择"2018",如图 2-12 所示。

（6）在弹出的"选择产品生产"界面,选择"雪佛兰"品牌,如图 2-13 所示。

图2-10 诊断仪的初始界面

图2-11 汽车图标界面

图2-12 选择年款界面

图2-13 产品生产商界面

(7)在弹出的"车型选择"界面,选择"科鲁兹",如图2-14所示。

(8)在弹出的模块信息中,选择"发动机控制模块",如图2-15所示。弹出发动机类型信息,选择"1.5L L3G",如图2-16所示。

图2-14 车型选择界面

图2-15 模块选择界面

图2-16 选择发动机类型界面

（9）请选择变速器类型，如图 2-17 所示。

（10）在选择变速器后选择"读取故障码"准备读取故障码信息，如图 2-18 所示。

图 2-17　选择变速器类型

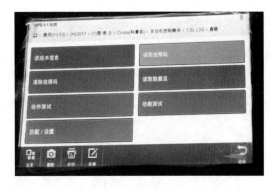

图 2-18　选择读取故障码

（11）此发动机系统存在的故障即显示出来，如果没有故障码存在，则显示"系统正常！"。

2）空气流量传感器与进气温度传感器的基本检查

以上读取到故障码为"P0102——质量空气流量传感器电路频率过低"，所以，在进行具体诊断测量之前要有针对性地对空气流量传感器进行基本检查。

科鲁兹轿车的空气流量传感器和进气温度传感器是加工成一体的，位于空气滤清器与进气软管接头处，如图 2-19 所示。该空气流量传感器为卡门漩涡式质量空气流量传感器，此外，该车还装有一个进气歧管绝对压力传感器，双重检测发动机的进气量。空气流量传感器的作用是将吸入的空气量转换成电信号后送给 ECU，ECU 将该信号作为喷油、点火、怠速控制和尾气排放的主要控制信号。进气温度传感器为负温度系数传感器，其作用是检测发动机进气温度，转换成电信号后送给 ECU，作为喷油和点火的修正信号。

未拔出传感器之前，先观察传感器元件在进气道上的安装应到位、可靠，用手轻轻触动传感器及其线束连接器的连接应无松动；拔出空气流量传感器线束连接器后，观察连接器内部针脚是否有锈蚀、松动、变形、损坏状况，如图 2-20 所示。

三　学习拓展（发动机进气系统其他电子元器件的基本检查）

1　加速踏板位置传感器的基本检查

加速踏板位置传感器也称节气门位置传感器，位于驾驶人右脚操纵的加速踏板上方,如图2-21所示。加速踏板位置传感器由两组可变电阻组合而成,其作用是检测加速踏板被踩下或抬高的位置,并将此信息转换成电信号输送到ECU,ECU根据此信息调整节气门的开度。

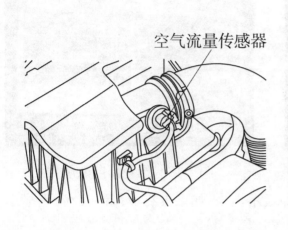

图 2-19 空气流量传感器

图 2-20 检查空气流量传感器线束连接器

检查时,使用手电筒照明加速踏板位置传感器部位,观察传感器的安装是否到位;轻轻触动线束连接器,检查插头的连接是否松动;拔出传感器插头后,观察连接器的外观是否损坏,连接器端子是否有变形、腐蚀和损坏。

小提示:加速踏板位置传感器安装的位置较为隐蔽,检查之前请准备手电筒等必要工具。

如果你实践的车辆没有加速踏板位置传感器,上述操作就不必要进行。

❷ **节气门体的外观检查**

节气门体连接进气总管,科鲁兹轿车发动机的节气门体安装在发动机后方的进气歧管下,如图2-22所示。节气门有机械式节气门和电子节气门之分。科鲁兹轿车发动机电子节气门体集节气门、节气门驱动电动机机构、节气门位置传感器、节气门(进气)加热水道和水管于一体,能实现进气时的节气门感应、怠速控制、加减速控制和气体加热等功能。

检查时,使用手电筒照明节气门体部位,观察与节气门体连接零部件安装应可靠,所有管道应连接正常,无漏气漏水现象,线束连接器的连接无松动;拔出节气门体线束连接器后,观察连接器内部针脚是否有锈蚀、松动、变形、损坏状况。

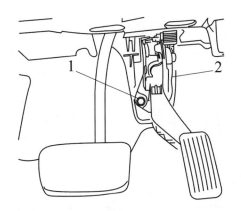 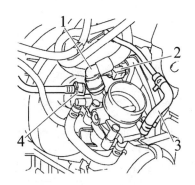

图 2-21　加速踏板位置传感器
1-紧固螺栓;2-加速踏板位置传感器

图 2-22　节气门体
1-曲轴箱强制通风管;2-节气门线束连接器;3-节气门体加热进水管;4-节气门体加热出水管

小提示:电子节气门的安装连接件通常较多,请在检查之前准备手电筒等必要的工具,必要时还需要拆卸相关零部件才能检查到位。

四　评价与反馈

❶ 自我评价

(1)通过本学习任务的学习,你是否已经知道以下问题:
①维修计划的具体内容有哪些?
_____。
②自诊断系统的作用有哪些?
_____。
(2)用诊断仪读取故障码的基本流程是什么?
_____。
(3)读取故障码使用的是什么诊断仪?实训过程完成情况如何?
_____。
(4)通过本学习任务的学习,你认为自己的知识和技能还有哪些欠缺?
_____。

签名:_____　　　__年__月__日

❷ 小组评价(表2-1)

小组评价表　　　　　表2-1

序号	评价项目	评价情况
1	着装是否符合要求	
2	是否能合理规范地使用仪器和设备	
3	是否按照安全和规范的流程操作	
4	是否遵守学习、实训场地的规章制度	
5	是否能保持学习、实训场地整洁	
6	团结协作情况	

参与评价的同学签名：_____　　　__年__月__日

❸ 教师评价

_____

_____。

教师签名：_____　　　__年__月__日

五　技能考核标准

运用故障诊断仪读取故障码和对相应元器件做基本检查，技能考核标准见表2-2。

技能考核标准　　　　　表2-2

序号	操作内容	规定分	评分标准	得分
1	安全确认	8分	确认车辆停放平稳2分； 安装车轮挡块2分； 确认驻车制动器操纵杆已拉紧2分； 确认变速杆位于P挡2分	
2	前期准备	6分	安装尾气收集管2分； 安装防护三件套2分； 安装车外防护件2分	

续上表

序号	操作内容	规定分	评分标准	得分
3	连接诊断仪	8分	开机确认仪器正常2分；选择正确诊断接口2分；连接前关闭仪器2分；关闭点火开关到OFF 2分	
4	记录车辆铭牌信息	4分	VIN、车型、发动机型号、排量各1分	
5	选择诊断仪功能	2分	能正确选择"汽车故障诊断"功能2分	
6	选择车型	4分	根据车辆信息选择车型2分；根据车辆信息选择年份2分	
7	选择发动机	4分	根据信息选发动机型号2分；根据信息选发动机参数2分	
8	选择检查项目	3分	正确选择"读取故障码"3分	
9	读取故障码操作	9分	能调阅到故障码3分；记录故障码及含义3分；理解故障码的指向3分	
10	认识与查找元器件	4分	根据故障码查找到元件2分；查资料或靠理解记忆找2分	
11	外观检查	6分	查看安装状况并判断2分；查看连接状况并判断2分；查看线束状况并判断2分	
12	接触检查	6分	用手或相关工具碰触2分；连接部位状况并判断2分；线束连接状况并判断2分	
13	拆装连接器操作	6分	先观察再拆装连接器2分；会拆装连接器卡扣2分；会使用合适工具拆装2分	

续上表

序号	操作内容	规定分	评分标准	得分
14	拆卸后查看	12分	检查连接器外壳并判断3分； 检查针脚异常并判断3分； 检查连接可靠性并判断3分； 元件不随意放置3分	
15	使用工具	10分	使用照明工具查看2分； 使用碰触工具用力适当2分； 正确选择拆装工具2分； 掌握拆装技巧2分； 工具不掉落、不随便放置2分	
16	5S表现	5分	注意收拾整理2分； 注意清洁1分； 操作有条理2分	
17	操作记录	3分	关键信息、参数不遗漏3分	
18	安全生产	—	造成人身轻伤或财物部分损坏扣50分； 造成重大伤害或财物损毁停止操作,技能考核不给分	
总　　分		100分		

学习任务3　汽车线束故障类型分析处理

学习目标

☞ 知识目标

1. 清楚汽车线束故障的五种类型；
2. 掌握线束故障的判断方法。

项目一 检修汽车电器与控制系统的基本技能

☞ **技能目标**

1. 学会使用万用表测量线束;
2. 学会对汽车电器元件的基本检查和测量。

☞ **素养目标**

养成使用万用表前进行校表测试的良好习惯,以科学的态度对待科学。

 建议课时

6课时。

一辆轿车,在行驶中驾驶人发现雾灯不亮,于是将车开到修理厂,要求修理人员做一些基本检查,以判断车辆的问题。

一 理论知识准备

汽车的电路故障主要有电器元件、控制单元以及线束的故障。线束的故障类型主要有下列几种。

1 汽车线束故障类型

(1)线束对搭铁短路。线束对搭铁短路是指电源或信号线直接短接到负极的情况,如图3-1所示。

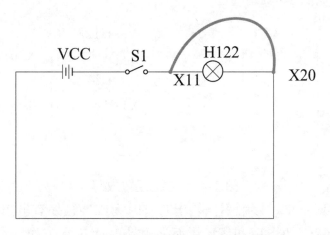

图 3-1　线束对搭铁(负极)短路故障

(2)线束对正极短路。线束对正极短路是指导线与其他电源或直接与自身的电源线接通的现象,如图3-2所示。

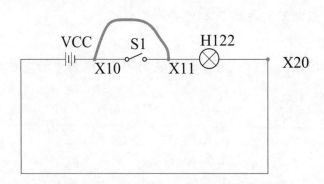

图3-2 线束对正极短路故障

(3)线束断路。线束断路是指闭合回路中的某个地方断开,不能形成闭合回路的现象,如图3-3所示。

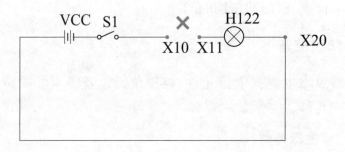

图3-3 线束断路故障

(4)线线互短。线线互短是指在电路中线与线之间发生非正常的两者搭接在一起的现象,如图3-4所示。

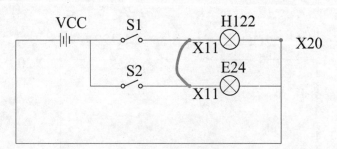

图3-4 线线互短故障

(5)线束接触不良。接触不良是指时有时无或接触处有电阻的现象,主要出现在插接件和线路上松动不牢固,从而使电路时而正常工作,时而不正常工作,如图3-5所示。

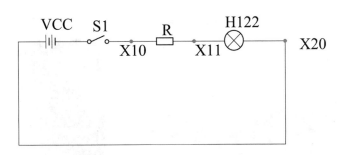

图 3-5　线束接触不良

❷ 线束故障判断方法

(1) 线束对搭铁短路。将可疑线束分离出来，利用万用表检测，将数字式万用表旋钮设置在欧姆挡位，万用表的第一根表笔接到待测线束一端，万用表的另一根表笔连接到车身上，如果数字式万用表显示的电阻不是无穷大，则电路对搭铁短路。

(2) 线束对正极短路。将可疑线束分离出来，利用万用表检测，将数字式万用表旋钮设置在电压挡位，万用表的正表笔接到待测线束一端，万用表的负表笔连接到车身上，如果数字式万用表显示的不是0V，则电路对正极短路。

(3) 线束断路。将可疑线束分离出来，利用万用表检测，将数字式万用表旋钮设置在欧姆挡位，万用表的第一根表笔接到待测线束一端，万用表的另一根表笔连接到同一线束的另一端，如果数字式万用表显示的电阻为无穷大，则线束断路。

(4) 线线互短。将可疑线束分离出来，利用万用表检测，将数字式万用表旋钮设置在欧姆挡位，万用表的第一根表笔接到待测线束一端，万用表的另一根表笔连接到怀疑与之短路的导线上，如果数字式万用表显示的电阻不是无穷大，则线线互短。

(5) 线束接触不良。线束接触不良主要发生在线束插接器部位，断开可疑的接头，检查可疑接头的针脚是否出现折断和脱落，检查可疑接头的针孔是否膨大，是否无法与针正常接合，如果出现针孔膨大或针脚折断及脱落的现象，则需对针孔及针脚进行维修，必要时直接更换插接器。

二 任务实施

❶ 准备工作

(1) 准备一辆实训车，并将车辆停放在安全的检测区域。

万用表

(2) 准备手电筒、万用表等检查时所必需的工具,如图 3-6 所示。

a) 手电筒　　　　b) 万用表

图 3-6　检测需要的工具

(3) 确认驻车制动器操纵杆已拉紧、变速杆置于 P 挡或 N 挡,确认车辆安全停放。

(4) 打开发动机舱盖,安装好翼子板布、前格栅布、防护三件套等车辆防护用品。

❷ 技术要求与注意事项

(1) 不同的车型和不同的电子电气系统,其零部件型号和安装位置不尽相同,需视具体车型或发动机系统调整部件检查的方法、步骤。

(2) 在必须拔出元器件的连接器之前,请先关掉点火开关。

❸ 操作步骤

(1) 针对轿车雾灯不亮的故障,首先确认其电路图(图 1-8),然后进行线束故障的检查和测量。检查和测量判断见表 3-1。

雾灯不亮的线束检查和测量判断　　　　表 3-1

线端(元件端)子名称	测量参数	测量条件	标准值	测量值	数据判断	线束故障类型判断
X1 对车身	电压(V)	点火开关 ON 挡	12	12	正常	—
X11 对车身	电压(V)	点火开关 ON 挡,S66 和 S47 均闭合	12	12	正常	—

项目一 检修汽车电器与控制系统的基本技能

续上表

线端（元件端）子名称	测量参数	测量条件	标准值	测量值	数据判断	线束故障类型判断
X15 对车身	电压(V)	点火开关 ON 挡，S66 和 S47 均闭合	0	12	异常	X18 线束对正极短路
X14-X15	电阻(Ω)	点火开关 OFF 挡，拔出 K259，拔出 F17	≤2	∞	异常	X14-X15 线束断路
X16 对车身	电阻(Ω)	点火开关 OFF 挡，拔出 F17，拔出 S48 插头	∞	0.8	异常	X16 线束对搭铁短路
以下请根据授课教师的设置进行测量与故障判断						

(2) 对线束接触不良的检查，在未拔出插接器之前，先观察插接器的安装应到位、可靠，用手轻轻触动插接器及其线束连接器的连接应无松动；拔出插接器线束连接器后，观察连接器内部针脚是否有锈蚀、松动、变形、损坏状况。

三 学习拓展

1 元器件检查和测量

针对轿车雾灯不亮的故障，按图 1-8 的电路，对元器件检查和测量，见表 3-2。

雾灯不亮的元器件的检查和测量　　　　表 3-2

检查测量:雾灯				
现场直观检查:熔断器 F15、F17、F22,电源电压值				
检测前提条件:打开点火开关				
检测工具:万用表直流电压挡				
序号	开关状态	测量连接: 测量点 X—接地	额定值	实际值(示例)
1	车灯开关 S66 接通 雾灯开关 S47 关闭	X1	电源电压	12V
		X2	电源电压	12V
		X3	电源电压	12V
		X4	电源电压	12V
2	车灯开关 S66 接通 雾灯开关 S47 接通	X5	电源电压	12V
		X7	电源电压	12V
		X8	电源电压	12V
		X9	0	0
		X6	电源电压	0
		X10	电源电压	0
		X11	电源电压	—
		X12	电源电压	—
		X13	电源电压	
3	雾灯开关 S47 接通 后雾灯开关 S48 关闭	X14	电源电压	0
		X15	电源电压	—
		X16	电源电压	—
		X17	0	0
4	雾灯开关 S47 接通 后雾灯开关 S48 接通	X14	电源电压	0
		X15	电源电压	
		X16	电源电压	
		X17	电源电压	0
		X18	电源电压	
		X19	电源电压	
结果判断与处理:X6、X14 对地测量电压为 0,所以,判断雾灯继电器 K259 卡死或损坏				

项目一　检修汽车电器与控制系统的基本技能

❷ 控制单元检查和测量

针对轿车雾灯不亮的故障,对其控制单元的检查和测量见表3-3。

雾灯不亮的控制单元检查和测量　　　　表3-3

部件检测:雾灯继电器			
测试记录:继电器			
测试前提条件:点火开关已关闭,继电器已拆下 测试工具:万用表(欧姆表)			
序号	检测步骤	规定值	实际值(示例)
1	测量继电器电源端30与87之间的电阻	无限大	0Ω 不正常,已粘连
2	测量继电器控制端85与86之间的电阻	100Ω	100Ω 正常
3	轻轻敲击继电器壳体(如果触点粘连)将蓄电池正极(+)接到继电器控制端85,负极(-)接到继电器86端,测量继电器电源端30与87之间的电阻	0Ω	0Ω 正常
结果判断及处理:测量继电器30与87之间的电阻与规定值不符,判断为继电器触点粘连或熔在一起,必须更换继电器。			

　思政小模块

磁生电的发现

　　物理学家法拉第自1821年起,便开始了对磁生电的研究,通过使强磁铁靠近闭合线圈的方式,法拉第试图使闭合线圈中产生电流,多次试验都以失败告终,但他毫不气馁,仍然坚定地进行各种实验。无数次的失败后,法拉第于1831年发现了磁生电现象。从此,发电机发电走入人类的生活中。

　　科学的发现常是必然性和偶然性的产物。实际上,同一时期里,许多科学家都在研究磁生电。法拉第不畏艰难、不怕失败、坚持不懈,最终使这个伟大的定律问世。

四 评价与反馈

❶ 自我评价

(1) 通过本学习任务的学习,你是否已经知道以下问题:
理解汽车电路故障的类型与测量:
_____。

(2) 汽车线束故障类型分析处理用到了哪些设备?
_____。

(3) 汽车线束故障类型及其分析处理完成情况如何?
_____。

(4) 通过本学习任务的学习,你认为自己的知识和技能还有哪些欠缺?
_____。

签名:_____   ____年____月____日

❷ 小组评价(表3-4)

小组评价表　　　　表3-4

序号	评价项目	评价情况
1	着装是否符合要求	
2	是否能合理规范地使用仪器和设备	
3	是否按照安全和规范的流程操作	
4	是否遵守学习、实训场地的规章制度	
5	是否能保持学习、实训场地整洁	
6	团结协作情况	

参与评价的同学签名:_____   ____年____月____日

❸ 教师评价

_____。

签名:_____   ____年____月____日

五 技能考核标准

汽车外观检测及线路检查技能考核标准见表3-5。

项目一 检修汽车电器与控制系统的基本技能

技能考核标准 表3-5

序号	操作内容	规定分	评分标准	得分
1	记录车辆铭牌信息	5分	记录信息全面,缺少一个信息扣2分	
2	防护用品安装情况	10分	正确安装防护三件套、车轮挡块,未安装一个扣5分	
3	车身外观检查	10分	正确检查到车身漆面损伤和钣金件损伤,正确判别车辆的加装装置,如果缺少一个检测项目扣3分	
4	安全带检查	10分	正确检查到安全带的外观、锁止与预紧功能,检查的三个部分,缺少一个部分扣4分	
5	线路检查	25分	检测前后雾灯的开关、前雾灯、后雾灯三个部分,缺少一个扣5分	
6	元件的检查	20分	正确列举出六个项目,缺少一个扣3分	
7	故障分析与判断	20分	分析并判断故障原因,缺少一个扣1分,扣完为止	
总分		100分		

项目二　检修汽车电源系统

学习任务4　检测与更换蓄电池

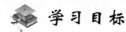 **学习目标**

☞ **知识目标**

1. 清楚蓄电池在汽车上的位置与作用；
2. 掌握蓄电池的常用充电方法。

☞ **技能目标**

1. 学会对蓄电池进行拆装、外观检查和容量检查；
2. 熟悉蓄电池的充电操作。

☞ **素养目标**

1. 操作蓄电池时，形成互相提醒防范腐蚀液体和窜电危险的良好风气；
2. 回收报废蓄电池时进行专门化处理，以强化污染物协同治理，培养环保意识。

 建议课时

4课时。

 任务描述

一辆轿车，驾驶人在起动发动机时发现起动无力，维修技师试车后决定从蓄电池着手进行检修。

一　理论知识准备

汽车蓄电池是一种将化学能转变成电能的装置，属于汽车直流电源。汽蓄电池在汽车电气部分中充当全车电源的作用。常见汽车电气设备由电压调节器、电流表(充电指示灯)、起动按钮、起动机、蓄电池、用电设备、发电机等组成,如图4-1所示。

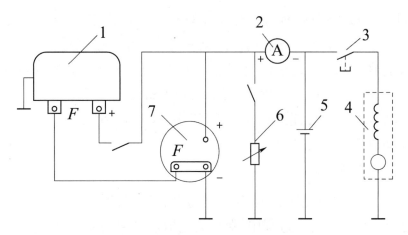

图4-1　常见汽车电气设备组成

1-电压调节器;2-电流表(充电指示灯);3-起动按钮;4-起动机;5-蓄电池;6-用电设备;7-发电机

❶ 蓄电池的作用

图4-2所示为汽车蓄电池,其作用有:

(1)起动发动机时,给起动机提供强大的起动电流(一般高达200~600A);

(2)当发电机过载时,可以协助发电机向用电设备供电;

(3)当发动机处于怠速时,向用电设备供电;

蓄电池
工作原理

图4-2　汽车蓄电池

(4)当发电机端电压高于蓄电池的电动势时,将一部分电能转变为化学能储

存起来,也就是进行充电;

(5)蓄电池还是一个大容量电容器,可以保护汽车的用电器。

❷ 蓄电池电量不足的表现

蓄电池更换极板组或电解液之后,需对蓄电池进行充电;当蓄电池电量不足时,需对蓄电池补充充电。以下几种情况说明蓄电池电量不足:

(1)蓄电池冬季放电超过额定容量的25%,夏季放电超过额定容量的50%;

(2)蓄电池电解液相对密度下降到$1.20 g/cm^3$以下;

(3)发动机不运转时,前照灯灯光暗淡,喇叭声音沙哑;

(4)发动机起动时起动机运转无力。

❸ 蓄电池充电方法

蓄电池充电方法有定流充电、定压充电和快速脉冲充电。

(1)定流充电。在充电过程中,保持充电电流恒定的充电方法称为定流充电。采用定流充电可以将不同电压等级蓄电池串联在一起充电,如图4-3所示。充电电流应按照容量最小的蓄电池来选择,最大充电电流值不超过最小容量蓄电池容量的1/10。小容量蓄电池充足电后应及时取掉,然后继续给大容量蓄电池充电。

(2)定压充电。在充电过程中,保持充电电压恒定的充电方法称为定压充电。定压充电可以将相同电压等级的蓄电池并联在一起充电,如图4-4所示。12V蓄电池充电电压约为15V。

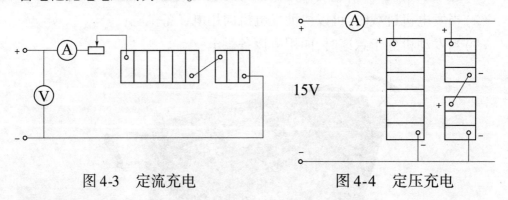

图4-3　定流充电　　　　图4-4　定压充电

二 任务实施

❶ 准备工作

(1)准备一辆实训车辆(以下操作所用的是雪佛兰科鲁兹轿车,也可以根据自身条件准备其他型号的车辆,参照操作),并将车辆停放在安全的检测区域。

(2)准备扳手、密度计、温度计、蓄电池检测仪、蓄电池清洁用品、充电设备等。

(3)准备手电筒、防腐手套等外观目视检查时所需要的必须工具。

(4)确认驻车制动器操纵杆已拉紧、变速杆置于P挡或N挡,确认车辆安全停放。

(5)打开发动机舱盖,安装好车辆挡块、翼子板布、防护三件套等车辆防护用品。

❷ 技术要求与注意事项

1)蓄电池更换注意事项

(1)拆蓄电池时,确保先拆负极电缆线,避免先拆正极电缆线时可能会产生火花;安装电缆线时,确保蓄电池负极搭铁。若发现接线柱螺栓锈蚀难以取出时,切勿用手锤或钳子敲打,避免接线柱断裂或极板活性物质脱落。可用热水冲洗后拧开螺栓,用夹头拉拔器将夹头取下。

(2)在取出和放入蓄电池时,应让蓄电池处于垂直状态,如果蓄电池倾斜,可能会使电解液流出。

(3)安装蓄电池压板时,不要将螺栓与螺母拧得太紧,避免压板变弯损坏蓄电池外壳。

2)蓄电池充电注意事项

(1)蓄电池充电时,会排出易燃易爆的氢气,不能让火焰、火花接近蓄电池。

(2)蓄电池充电时,切勿从接线柱上取下充电机导线夹。

(3)出现短路时,电压和密度无改变,未产生气体,温度急速上升时,应停止充电。

(4)蓄电池充电时,电解液温度如果超过45℃,应停止充电。

❸ 操作步骤

1)从车上拆下蓄电池

(1)首先应该确认汽车是否带有故障自诊断功能的ECU系统,对于带有此系统的汽车,在拆除蓄电池电缆线前,必须先检查并读取(打印)汽车自诊断系统的故障码、自适应参数、时钟及密码等信息。

(2)读取故障码后,关闭点火开关至Off挡(关闭全车电源开关),确认用电设备全部停止工作。

(3)先拆下蓄电池负极接线柱的搭铁电缆线,然后拆正极接线柱上的电缆线,如图4-5所示。

(4)将蓄电池固定架的紧固螺母拧松,拆下螺栓与压板,如图4-6所示,从汽车上把蓄电池取出。

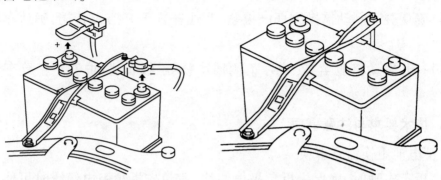

图 4-5 拆卸蓄电池电缆　　图 4-6 拆卸蓄电池螺栓与压板

2)蓄电池的外观检查

对蓄电池外观进行以下检查时,要做好结果记录及相应的处理措施。

(1)蓄电池外壳是否破裂或发生电解液泄漏。

(2)蓄电池正、负接线柱是否脏污或有氧化物。

(3)蓄电池通气孔是否损坏或堵塞。

3)蓄电池电解液液面高度的检查

蓄电池电解液液面高度的检查方法有以下几种。

(1)液面高度指示线法:蓄电池电解液液位必须位于其外壳上所标的上、下刻度线之间(部分蓄电池在上、下刻度线处标有"up""down"字样),如图4-7所示。

(2)加液孔观察判断法:取下蓄电池通气孔塞,检查所有单格电池的电解液液位应保持高于隔板 10~15mm。

(3)玻璃管测量法:玻璃管测量法可以按以下步骤进行,如图4-8所示。

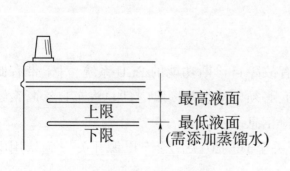
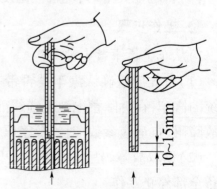

图 4-7 蓄电池电解液液位　　图 4-8 玻璃管测试电解液液面高度

①打开加液螺栓盖。

②将内径为 3~5mm 的玻璃管插入单格电池中,并与极板的上平面接触。

③用拇指堵住玻璃管的上端口,然后利用其真空度,将玻璃管提出液面。

④测量玻璃管内液体的高度,其值在 10~15mm 则说明液位正常。

⑤用相同方法检查蓄电池其余单格。

如果蓄电池电解液液位太低,应添加蒸馏水。一般蓄电池充电的过程中添加蒸馏水较好,在充电过程中有利于蒸馏水更快地与原有电解液混合均匀。

4) 检测蓄电池电解液密度

(1) 用吸入式密度计测量电解液密度。

①测量前,先捏紧密度计的橡皮球,排出空气。

②打开加液螺栓盖,将橡皮管插入单格电池内,慢慢放松橡皮球,吸入电解液。待吸入电解液使密度计内的浮筒漂浮起来(约玻璃管 2/3 处),再慢慢将密度计提出液面(注意密度计不得离开蓄电池加液孔上方)。

③按照密度计内液柱凹面水平线读取浮子杆上的刻度指示值(也可以粗略根据密度芯的红、绿、黄颜色区估计密度值),即读取电解液的密度值,如图 4-9 所示。

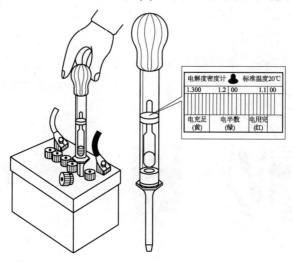

图 4-9 用密度计测量电解液密度

④测量电解液密度时,同时测量电解液的温度。电解液密度以 20℃ 为标准,温度每升高(降低)1℃,测量密度值增加(减少)$0.0007g/cm^3$。另外,依次测量每个单格电池的电解液密度,差异不得大于 $0.025g/cm^3$。

(2) 用内装式密度计测量电解液密度。

免维护蓄电池有内装式密度计,可以从玻璃观察孔察看表示不同状态的颜色来判断蓄电池的电解液密度(即蓄电池放电程度),如图 4-10 所示。

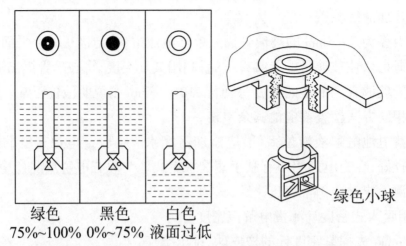

绿色　　　黑色　　　白色
75%~100%　0%~75%　液面过低

绿色小球

图 4-10　免维护蓄电池内装式密度计示意图

小提示：电解液主要成分为稀硫酸，具有腐蚀性，在检测过程中需严格遵守操作规程，若电解液滴在皮肤上，应用碳酸氢钠(小苏打)溶液中和。

5）用蓄电池检测仪检测蓄电池开路电压和存电容量

蓄电池开路电压与存电容量可用专用测量仪测量检查，如图 4-11 所示。

（1）如图 4-11a）所示，选择"检测"挡，可测量蓄电池开路电压；选择"容量"挡，可测量蓄电池存电容量。

（2）如图 4-11b）所示，检测蓄电池容量，测量结果可以直接打印。

（3）如图 4-11c）所示，检测蓄电池容量，注意测试时间不能过长。

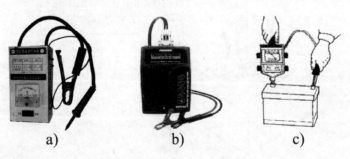

a)　　　　　b)　　　　　c)

图 4-11　蓄电池检测仪

6）蓄电池的充电

检查蓄电池后，当仪器提示蓄电池端电压过低或电解液密度过低时，应对蓄电池进行充电。蓄电池的充电按以下步骤进行。

（1）将蓄电池外壳和极桩清理干净，若有必要，用砂纸轻轻打磨极桩。

（2）拆下所有的通气孔塞(非密封式蓄电池)。

（3）确定充电电压、电流和时间。

(4)断开所有开关将充电器与蓄电池连接。

(5)接通电源对蓄电池充电。

小提示:因定压充电与定流充电时间较长,给使用带来不便,可采用自动控制脉冲充电装置对蓄电池进行快速脉冲充电。使用中的蓄电池补充充电一般只需要0.5~1.5h。

7)蓄电池的安装

蓄电池充电完毕或更换后,按要求安装蓄电池。

(1)检查待用蓄电池是否适合本车使用。

(2)将蓄电池放入汽车蓄电池固定位置,然后安装压板,按要求拧紧固定架螺母。

(3)在电缆线末尾端和蓄电池接头夹处涂上防氧化生锈的凡士林或润滑脂,先连接正极电缆线,再连接搭铁电缆线。

(4)检查蓄电池起动电压和充电电压。

三 学习拓展(混合动力汽车的蓄电池)

在混合动力汽车上,蓄电池是具有强大能量的动力电源,如图4-12所示。

在拆装混合动力车辆主蓄电池时要特别注意防止高压电击的保护工作,因为主蓄电池的电压可高达650V,必须经过专门培训后才可对主蓄电池进行操作。

图4-12 混合动力汽车的蓄电池

四 评价与反馈

❶ 自我评价

(1)通过本学习任务的学习,你是否已经知道以下问题:

①在蓄电池的拆卸与安装过程中应注意哪些问题?

②在对蓄电池进行充电过程中应注意哪些问题?

(2)检测与更换蓄电池操作过程中用到了哪些设备?

(3)实训过程完成情况如何?
_____。

(4)通过本学习任务的学习,你认为自己的知识和技能还有哪些欠缺?
_____。

签名:_____　　　___年___月___日

② 小组评价(表4-1)

小组评价表　　　　　　表4-1

序号	评价项目	评价情况
1	着装是否符合要求	
2	是否能合理规范地使用仪器和设备	
3	是否按照安全和规范的流程操作	
4	是否遵守学习、实训场地的规章制度	
5	是否能保持学习、实训场地整洁	
6	团结协作情况	

参与评价的同学签名:_____　　　___年___月___日

③ 教师评价

_____
_____。

签名:_____　　　___年___月___日

五 技能考核标准

检测与更换蓄电池技能考核标准见表4-2。

技能考核标准　　　　　　表4-2

序号	操作内容	规定分	评分标准	得分
1	安全确认	5分	确认车辆停放平稳1分; 安装车轮挡块2分; 确认驻车制动器操纵杆已拉紧1分; 确认变速杆位于P挡1分	

续上表

序号	操作内容	规定分	评分标准	得分
2	前期准备	8分	确认准备好扳手、密度计、温度计、蓄电池检测仪、蓄电池清洁用品、充电设备,每项1分,共6分; 确认准备手电筒、防腐手套1分; 安装车内、车外防护件1分	
3	记录蓄电池信息	2分	找到并抄写蓄电池型号2分	
4	拆卸蓄电池	10分	读故障码2分; 记录自适应参数、密码等2分; 关闭点火开关、先拆负极线缆再拆正极线缆3分; 工具选用正确1分; 操作规范2分	
5	检查蓄电池外观	5分	检查外观无损坏无变形状况2分; 检查桩柱污腐状况1分; 检查通气孔无损坏、无堵塞2分	
6	检查蓄电池液位高度	5分	方法选用得当1分; 检查操作规范2分; 检查结果准确2分	
7	测量电解液密度	10分	方法选用得当1分; 量具选择、使用正确2分; 检查操作规范3分; 检查结果准确2分; 防腐措施可靠2分	

续上表

序号	操作内容	规定分	评分标准	得分
8	测量开路电压与电池容量	8分	仪器选择正确2分；仪器使用规范2分；测量时间控制适当2分；测量结果准确2分	
9	对蓄电池充电	12分	清洁电池桩柱1分；电池与充电设备连接正确3分；充电方法选用合理2分；电压、电流、时间调整正确6分	
10	安装蓄电池	20分	确认电池型号与车辆匹配2分；安装位置、机械连接可靠2分；电池桩柱防腐处理得当2分；线缆连接正确、可靠3分；复检充电电压2分；确认起动电压符合规定3分；工具选用正确3分；操作规范3分	
11	使用工具、量具、用具情况	10分	使用照明工具查看2分；使用拆装工具用力适当2分；掌握拆装技巧2分；工具不掉落、不随便放置共4分	
12	5S表现	5分	注意收拾整理2分；注意清洁1分；操作流程有条理2分	

续上表

序号	操 作 内 容	规定分	评 分 标 准	得分
13	安全生产	—	造成人身轻伤或财物部分损坏扣50分；造成重大伤害或财物损毁停止操作,技能考核不给分	
	总　　分	100分		

学习任务5　发电机就车检查与更换

学习目标

▶ 知识目标

1. 熟悉交流发电机的就车检查内容；
2. 掌握交流发电机的更换方法。

▶ 技能目标

1. 能完成交流发电机的就车检查；
2. 规范地完成交流发电机的更换。

▶ 素养目标

1. 善于通过小组讨论来交流检查和更换发电机的经验；
2. 了解磁生电的科学渊源,感受科学家的伟大精神；
3. 深刻领会加快我国科技自立自强的号召。

建议课时

4课时。

任务描述

朱师傅发现自己的轿车蓄电池指示灯亮起,于是将车开到修理厂。技师初步检查后,考虑从电源系统不能正常充电的方向解决问题。

一 理论知识准备

交流发电机种类繁多，常见发电机的外观如图 5-1 所示，发电机在汽车上的位置如图 5-2 所示。

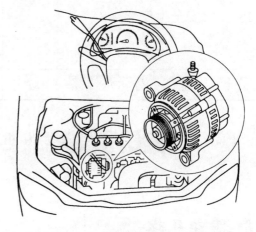

图 5-1　发电机外观　　　　　　　图 5-2　发电机在汽车上的位置

发电机就车检查内容主要包括：传动带外观和松紧程度、导线连接情况、运转噪声和发电情况。

❶ 检查传动带的基本方法

（1）传动带的肋侧允许有轻微的裂痕，但如果出现大块脱落，则应更换。

（2）传动带太松容易导致打滑，太紧会加大发电机轴承的负荷，加速轴承磨损，严重时甚至造成烧坏发电机。传动带的松紧度一般用挠度（或张紧度）来反映。

检查传动带挠度，如图 5-3 所示。在两个传动带轮之间的中间位置施加 100N 的压力，新传动带在加力点的位移量为 5~7mm，已使用过的传动带为 7~8mm。

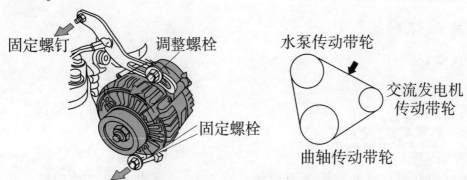

图 5-3　调整传动带的挠度

传动带安装好后,用手确认传动带不会从曲轴传动带轮基圆槽中滑出。安装新的传动带后,运转发动机约5min,再检查传动带的张紧度。

❷ 目视检查交流发电机的配线情况及有无运转噪声

(1)检查各电线端头的连接部位是否正确,接触是否良好。

(2)在发动机运转时,提高发动机转速,用耳监听交流发电机是否有不正常的噪声。

❸ 检查充电指示灯线路

预热发动机,然后停机,关闭所有附件,将点火开关置于ON挡,检查充电指示灯是否点亮;再起动发动机,检查充电指示灯是否熄灭。如果充电指示灯不符合上述要求,应检查充电指示灯电路的故障和电源系统不充电的故障。

二 任务实施

❶ 准备工作

(1)准备一辆实训车辆,并将车辆停放在安全的检测区域。

(2)准备张紧度测试仪、扳手、电流表、万用表、试灯、电压表、撬棍等。

(3)准备手电筒、手套等外观目视检查时所需的用具。

(4)确认驻车制动器操纵杆已拉紧、变速杆置于P挡或N挡,确认车辆安全停放。

(5)打开发动机舱盖,安装好车辆挡块、翼子板布、防护三件套等防护用品。

❷ 技术要求与注意事项

(1)更换汽车发电机时,对于带有故障自诊断功能ECU系统的汽车,在拆除蓄电池电缆线前,必须先检查并读取(打印)汽车自诊断系统的故障码、自适应参数、时钟及密码等信息。

(2)拆卸交流发电机时,先拆卸蓄电池负极搭铁电缆,再拆卸发电机端子B电缆线和三级连接器,最后才拆卸发电机传动带。

❸ 操作步骤

1)交流发电机的就车检查

(1)检查传动带。发动机停止运转,在两个传动带轮之间的中间位置施加100N的压力,新传动带在加力点的位移量为5～7mm,已使用过的传动带为 7~8mm。

检查传动带张紧度需用专用工具进行,如图 5-4 所示。张紧度不符合规定值时应予以调整。

更换安装新的传动带,先运转发动机约 5min,停机后再一次检查确认传动带的张紧度。

(2)目测检查交流发电机的配线连接是否正确可靠,用耳监听发电机在工作时是否有不正常的噪声。

(3)检查充电指示灯电路。预热运转发动机,然后停机,关闭所有附件,将点火开关置于 ON 挡,检查充电指示灯是否点亮,充电指示灯在车上的位置如图 5-5 所示。然后再起动发动机,检查充电指示灯是否熄灭。如果充电指示灯不符合上述要求,应检查充电指示灯电路或充电状况的故障。

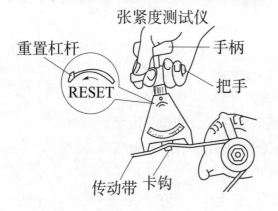

图 5-4 检查传动带的张紧度

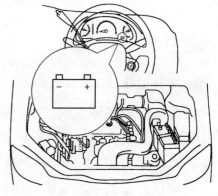

图 5-5 充电指示灯在车上的位置

(4)发电情况测试。

①用万用表检查蓄电池充电情况:将万用表置于直流电压挡(DCV),测量发电机的端电压。当发动机怠速运转时,发电机的端电压应有所提高,如果发电机端电压没有升高反而有所降低,表明发电机没发电或充电系统有故障。

②空载测试:将一个电压表并联、一个电流表连接到充电回路中,如图 5-6 所示。将发动机从怠速运转到 2000r/min,观察电流表和电压表的读数,标准电流应小于 10A,标准电压在 25℃ 时为 13.5~15.1V,在 115℃ 时为 13.5~14.3V。

③带负载测试:将一个电流表串联到充电回路中,如图 5-7 所示,然后将发动机运转到 2000r/min,并打开前照灯远光灯,同时将取暖器风扇控制开关处于最高挡位。检查电流表的读数,标准电流值应大于 30A。

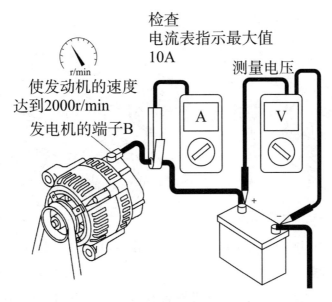

图 5-6 空载检查充电线路

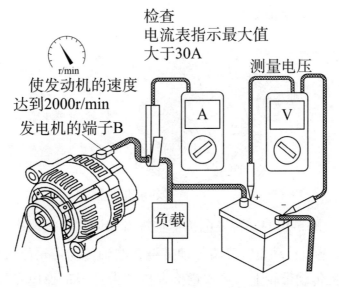

图 5-7 带负荷测试发电机输出电流

2）交流发电机的更换

（1）拆卸交流发电机。先拆卸蓄电池负极搭铁电缆；再拆卸发电机端子 B 电缆线和三级连接器，如图 5-8 所示；最后才拆卸发电机传动带。

① 拧松发电机枢轴螺母和调整锁紧螺栓，如图 5-9 所示。

② 将发电机推向发动机，使传动带松脱。

③ 拧下发电机枢轴螺母和调整锁紧螺栓，拆下交流发电机。

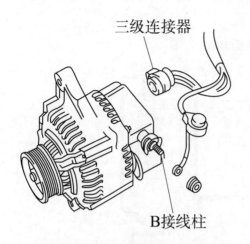

图 5-8 拆卸 B 电缆线和三级连接器

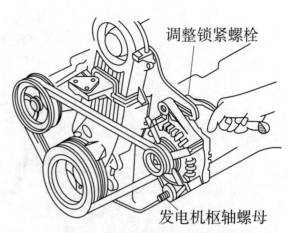

图 5-9 拧松发电机枢轴螺母和调整锁紧螺栓

（2）安装交流发电机。将发电机放置在发动机支座上,稍稍拧紧发电机枢轴螺母和调整锁紧螺栓,如图 5-10 所示。要注意发动机传动带未装好前不可拧紧发电机枢轴螺母和调整锁紧螺栓。

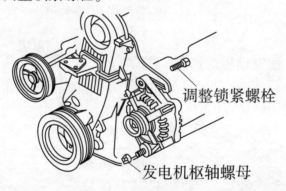

图 5-10 安装发电机枢轴螺母和调整锁紧螺栓

（3）安装发电机传动带。先将传动带绕在曲轴传动带轮与水泵传动带轮上,然后套在发电机传动带轮上。要注意检查传动带是否正确地安装在传动带轮基圆槽上。

（4）调整传动带张紧度。

①拧紧调整锁紧螺栓至发电机不会被拉回为止。

②用撬棍调整发电机的位置。调整时撬棍不可顶在气门正时盖上撬。

③按交流发电机的就车检查方法调整传动带的张紧度,直至达到规定值。

（5）拧紧发电机的调整锁紧螺栓及枢轴螺母。

（6）将电缆线与发动机连接。先将电缆线套在发动机的端子 B 接线极柱上,再拧紧螺母,并用橡胶套将端子 B 套好,然后连接好其他电缆线。

(7)连接蓄电池电缆线,将电缆线接线极柱螺栓拧紧。

(8)检查充电指示灯功能。将点火开关置于 ON 挡,充电指示灯是否点亮;然后起动发动机,充电指示灯是否熄灭。

三 学习拓展(充电指示灯的控制)

汽车电源系统工作是否正常,通常由充电指示灯(或电流表)来进行监控。对于由充电指示灯监控的电源系统而言,如果充电指示灯熄灭,说明电源系统工作正常;如果充电指示灯常亮,说明发电机不能正常工作,或者充电指示灯处于短路状态(指充电指示灯的输出部分电路没有经过 IC 电压调节器控制而直接搭铁)。

充电指示灯有以下几种不同的控制方式:

(1)利用发电机中性点电压,通过充电指示灯继电器控制充电指示灯;

(2)利用发电机中性点电压,通过起动复合继电器控制充电指示灯;

(3)利用发电机磁场二极管(九管与十一管发电机)控制充电指示灯电路来控制充电指示灯;

(4)充电电路中增加一个功率较大二极管来控制充电指示灯。

四 评价与反馈

① 自我评价

(1)通过本学习任务的学习,你是否已经知道以下问题:

①在发电机就车检查过程中应注意哪些问题?应该完成哪些内容?
_____。

②在发电机更换过程中应注意哪些问题?应该按照什么步骤进行?
_____。

(2)发电机就车检查过程及更换过程需要哪些设备?
_____。

(3)实训过程完成情况如何?
_____。

(4)通过本学习任务的学习,你认为自己的知识和技能还有哪些欠缺?
_____。

签名:_____ ____年____月____日

❷ 小组评价(表5-1)

小 组 评 价 表   表5-1

序号	评价项目	评价情况
1	着装是否符合要求	
2	是否能合理规范地使用仪器和设备	
3	是否按照安全和规范的流程操作	
4	是否遵守学习、实训场地的规章制度	
5	是否能保持学习、实训场地整洁	
6	团结协作情况	

参与评价的同学签名：_____ ____年____月____日

❸ 教师评价

_____

_____。

签名：_____ ____年____月____日

五 技能考核标准

发电机就车检查与更换技能考核标准见表5-2。

技 能 考 核 标 准   表5-2

序号	操作内容	规定分	评分标准	得分
1	车辆安全检查	6分	检查车辆是否停放平稳2分；检查变速器挡位是否在空挡2分；检查驻车制动器操纵杆是否拉紧2分	
2	工具、设备准备	4分	相应检测用工具和设备准备和选用情况4分	
3	检查蓄电池	10分	检查电解液的密度2分；检查电解液的液位2分；检查开路电压2分；检查蓄电池接线极柱2分；检查电源熔断器2分	

续上表

序号	操作内容	规定分	评分标准	得分
4	检查传动带	12分	传动带外观检查4分； 检查传动带挠度4分； 检查传动带张紧度4分	
5	检查发电机的配线	4分	检查各电线端头的连接部位2分； 耳监听交流发电机声音2分	
6	检查充电指示灯线路	4分	检查充电指示灯线路4分	
7	发电情况测试	15分	万用表检查5分； 空载测试5分； 带负载测试5分	
8	更换前准备	5分	检查并读取的故障码1分； 检查并读取自适应参数2分； 检查并读取时钟1分； 检查并读取密码1分	
9	交流发电机的拆卸	20分	拆卸蓄电池负极搭铁电缆线4分； 拆卸发电机端子B电缆线和三级连接器4分； 拆卸发电机传动带8分； 拧下发电机枢轴螺母和调整锁紧螺栓,拆下交流发电机4分	
10	交流发电机的安装		将发电机放置在发动机支座上2分； 安装发电机传动带3分； 调整传动带张紧度4分；	

续上表

序号	操 作 内 容	规定分	评 分 标 准	得分
10	交流发电机的安装	20分	拧紧发电机的调整锁紧螺栓及枢轴螺母2分； 将电缆线与发动机连接4分； 连接蓄电池电缆线3分； 检查充电指示灯功能2分	
11	安全生产	—	造成人身轻伤或财物部分损坏扣50分； 造成重大伤害或财物损毁停止操作,技能考核不给分	
	总 分	100分		

学习任务6 拆检发电机

学习目标

☞ **知识目标**

1．掌握交流发电机的解体方法与步骤；

2．清楚交流发电机的拆项目。

☞ **技能目标**

1．规范地完成交流发电机的解体与检查；

2．规范地完成交流发电机的装复及性能测试。

☞ **素养目标**

1．细致地拆装、检查发电机,展现可信的中国工匠形象；

2．培养拆装、检查发电机时与同学的合作意识。

建议课时

4课时。

项目二　检修汽车电源系统

车主发现其轿车充电指示灯常亮,维修技师检查后确认是发电机存在故障,要对发电机进行解体、检修、装复并进行性能测试。

一　理论知识准备

交流发电机是汽车的主电源,发电机与蓄电池一起担负为汽车所有用电设备供电的任务,发电机正常工作时还对蓄电池进行补充充电。汽车维修过程中,当确认发电机有故障时,需要对发电机进行解体、检查、装复并做装复后性能测试。

对发电机进行拆检时,应检查励磁绕组是否导通、励磁绕组是否绝缘、集电环有无粗糙不平或擦伤现象、电刷与集电环之间的配合是否合适,检查电刷及电刷架应无破损或裂纹,电刷在电刷架中应能活动自如。检查转子轴弯曲程度和轴颈磨损情况,检查定子、转子总成是否存在断路、搭铁和短路。检查硅整流二极管是否正常,硅整流二极管的检查有多种方法。

❶ 用万用表检查正极管侧硅整流二极管

使用数字式万用表的二极管挡(或指针式万用表的电阻挡)时,可先将万用表内电源负极相连接的测试笔连接到整流器输出端子 B(正极接线极柱),并将另一个测试笔分别连接到各正极管的整流器端子,如图 6-1a)所示,分别测量电阻值,应为导通状态。将测试笔的极性交换后再次分别测量电阻值,应为不导通状态。

如不符合上述要求,则说明硅整流二极管损坏,应更换整流器架。

❷ 用万用表检查负极管侧硅整流二极管

使用数字式万用表的二极管挡(或指针式万用表的电阻挡)时,可先将万用表内电源正极相连接的测试笔连接到整流器输出端子 E(负极接线极柱),并将另一个测试笔分别连接到各负极管的整流器端子,如图 6-1b)所示,分别测量电阻值,应为导通状态。将测试笔的极性交换后再次分别测量电阻值,应为不导通状态。

如不符合上述要求,则说明硅整流二极管损坏,应更换整流器架。

❸ 用试灯检查二极管

如图 6-2 所示,将试灯、二极管与蓄电池串联成闭合回路,交换二极管两极再试一次,如果试灯一次亮一次不亮,则说明二极管是好的。

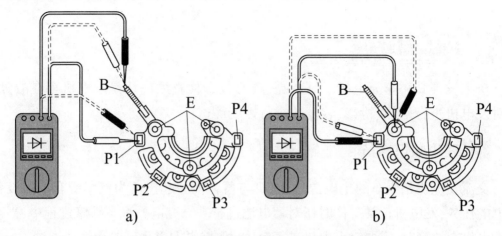

图 6-1 用万用表检查硅整流二极管

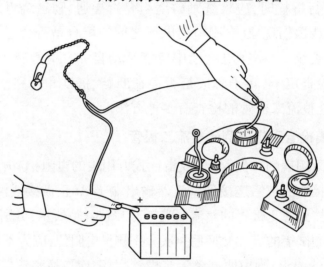

图 6-2 用试灯检查二极管

汽车发电机种类繁多,但解体、检查、装复与装复后性能测试程序类似,下面以整体式交流发电机为例介绍其操作过程。

二 任务实施

1 准备工作

(1)准备一台整体式交流发电机;准备 SST、检查试验台、专业虎钳夹具等专用工具及设备一套。

(2)准备扳手、螺丝刀、万用表、电流表、试灯、游标卡尺、百分表、木槌等常用工具及仪表。

(3)备好手套等安全生产防护所需要的用具。

2 技术要求与注意事项

（1）不同车型、不同型号的发电机,其零部件和安装不尽相同,需视具体的发电机总成调整部件拆装、检查的步骤。

（2）检查方法有多种,需根据设备条件等选择适当的方法。

3 操作步骤

1）解体整体式交流发电机

（1）拆卸发电机后端盖：拆下发电机后端盖上3个紧固螺母,取下后端盖,如图6-3所示。

（2）拆卸电刷架总成：松开电刷架上2个紧固螺钉,取下电刷架总成,如图6-4所示。

（3）拆卸电压调节器：松开电压调节器上3个紧固螺钉,取下IC电压调节器,如图6-4所示。

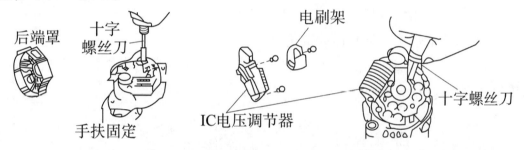

图6-3 拆卸发电机后端盖　　　图6-4 拆卸电刷架总成和电压调节器

（4）拆卸整流器架及橡胶绝缘体,如图6-5所示。

（5）拆卸传动带轮。

①用扭力扳手固定在SST(A)（维修专用工具）上,如图6-6所示,顺时针方向拧紧SST(B)到规定力矩。

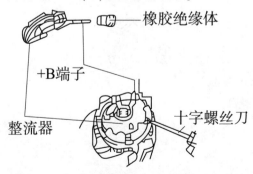

图6-5 拆卸整流器架及橡胶绝缘体

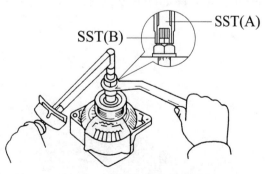

图6-6 扭力扳手的使用

②检查 SST(A)是否被固定在转子轴上。

③将 SST(C)固定在台虎钳上,然后将交流发电机装到 SST(C)上。

④按图 6-7 所示,逆时针方向转动 SST(C),以拧松转动带轮螺母。须注意的是,为了防止损坏转子轴,拧松传动带轮螺母时,转一次不要超过半圈。

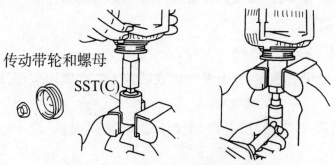

图 6-7　拧松传动带轮螺母

⑤从 SST(C)上拆下交流发电机。

⑥转动 SST(B),并拆下 SST(A)和 SST(B)。

⑦拆卸传动带轮螺母和传动带轮。

(6)拆卸整流器后端架:拆卸 4 个紧固螺母后,使用 SST 拆卸整流器后端架,如图 6-8 所示。

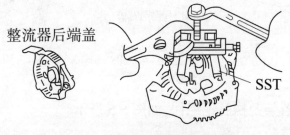

图 6-8　拆卸整流器后端架

(7)从驱动端架拆下转子,完成发电机的解体过程。整体式交流发电机解体后的结构组件如图 6-9 所示。

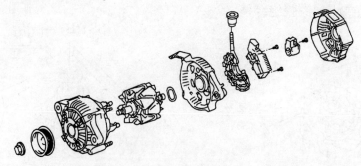

图 6-9　整体式交流发电机解体后的结构组件

2）检查发电机

（1）检查外观。

①检查端盖是否有裂痕、损坏，如图6-10所示。

②检查风扇叶片和传动带轮是否变形、破裂损坏。

③检查前后轴承转动是否自如，是否松旷，如图6-11所示。

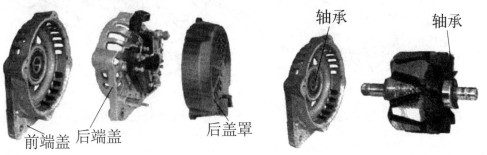

图6-10　发电机前后端盖　　图6-11　发电机前后轴承

（2）检查转子总成。

转子的检查主要包括励磁绕组、集电环、转子轴的检查，如图6-12所示。

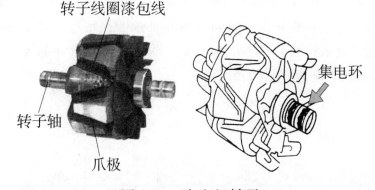

图6-12　发电机转子

①检查励磁绕组是否导通。励磁绕组在使用过程中，起端头的焊点可能因振动影响会发生断路故障，可用数字万用表电阻挡进行检测。检测时万用表置于200Ω电阻挡的位置，表笔分别接触在两集电环上，如图6-13所示。阻值一般为几欧，若阻值为无穷大，说明励磁绕组有断路现象。

②检查励磁绕组是否绝缘。检测时万用表置于20kΩ电阻挡的位置，将表笔分别触在集电环和转子铁芯上，如图6-14所示。若万用表指示阻值为无穷大，说明励磁绕组与铁芯绝缘良好，否则说明励磁绕组与铁芯之间有绝缘不良或搭铁故障。

③检查集电环。

a. 检查集电环有无粗糙不平或擦伤现象。集电环的工作表面应光洁，无明显烧蚀或磨损沟槽。如有轻微烧蚀,可用0号砂布包住集电环进行打磨,如果粗糙不平或被擦伤,应更换转子。

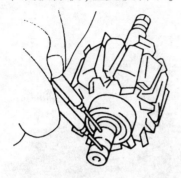

图6-13 检查励磁绕组是否导通

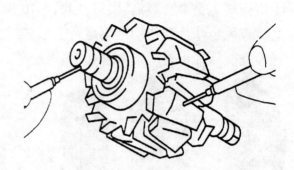

图6-14 检查励磁绕组是否绝缘

b.使用游标卡尺测量集电环的直径。如果集电环烧蚀严重可在车床上精车,但加工后的集电环厚度不能小于1.5mm。集电环标准直径为14.2~14.4mm,最小直径为12.8mm,如果直径小于最小值,则应更换转子。

c.检查电刷与集电环之间的配合。电刷与集电环之间的配合应正常。

④检查转子轴。检查转子轴弯曲程度和轴颈磨损情况。转子轴的摆差可在专用夹具上用百分表检验,如图6-15所示。轴外圆与集电环的径向圆跳动误差不应大于0.1mm,否则应进行校正。

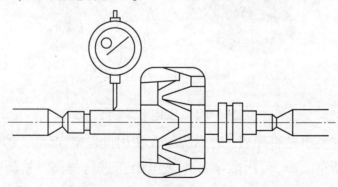

图6-15 用百分表检查转子轴

(3)检查定子总成。

检查定子主要是对定子绕组的检查。其故障有断路、搭铁和短路。

①检查定子绕组是否导通。定子绕组是否导通,可用数字万用表进行检测,检测时万用表置于200Ω电阻挡的位置,用万用表的两只表笔分别检测定子绕组的中性点与各引出端(首端)之间的电阻,如图6-16所示。如果万用表指示导通,说明定子绕组没有断路;如果阻值为无穷大,说明定子绕组有断路故障。

②检查定子绕组是否绝缘。定子绕组是否绝缘可用数字万用表进行检测。检测时万用表置于 20kΩ 电阻挡的位置,将表笔分别触在定子铁芯和定子绕组的任一引出端子上,如图 6-17 所示。如果万用表指示导通说明定子绕组有搭铁故障,反之说明定子绕组绝缘良好。

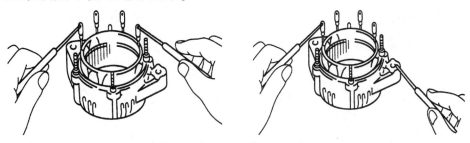

图 6-16　检查定子绕组是否导通　　图 6-17　检查定子绕组是否绝缘

定子绕组若有断路、短路、搭铁故障,应更换驱动端架部件。

(4)检查电刷组件。

检查电刷及电刷架应无破损或裂纹,电刷在电刷架中应能活动自如。

①检查电刷高度。电刷高度可用钢尺或游标卡尺测量,如图 6-18 所示。电刷标准露出长度为 10.5mm,最小露出长度为 1.5mm,如果露出长度小于最小值,则应更换电刷。

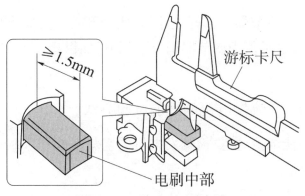

图 6-18　检查电刷高度

②检测电刷弹簧压力。当电刷从电刷架中露出 2mm 时,每个电刷的压力值为 7N。弹力过小则应更换电刷。

(5)检查二极管。

①用万用表检查整流二极管(图 6-1)。

②用试灯检查二极管(图 6-2)。

3)装复交流发动机

交流发电机装复过程与解体过程顺序相反,注意在操作时严格操作规范,不能损坏和丢失零部件。

(1)将转子装入驱动端架内。

(2)安装后端架。

(3)安装传动带轮。

(4)安装整流器架。

(5)安装电刷架和IC电压调节器。

(6)安装后端盖。

(7)转子的动平衡试验,如图6-19所示。

4)发电机装复后的测试

(1)接线整体式交流发电机测试电路,如图6-20所示。

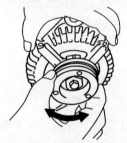
图6-19　转子的动平衡试验

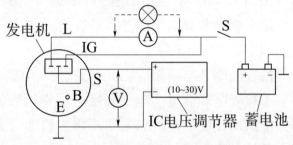
图6-20　检查IC电压调节器

(2)检测IC电压调节器。接好电路后,闭合开关S,然后调节稳压电源至灯泡熄灭,此时电压表显示值为调节器调节电压值,如果该值为13.5~14.5V说明电压调节器正常。

三　学习拓展(交流发电机的性能试验方法)

交流发电机性能试验,主要检测发电机的空载性能和满载性能。图6-21所示为性能测试电路。

(1)空载试验,方法如下。

①断开开关S。

②接通点火开关,使蓄电池向发电机励磁绕组提供励磁电流。

③起动电动机,并缓慢调高发电机转速。当充电(故障)指示灯由亮变灭时,发电机的转速应小于或等于规定值。

(2)满载试验,方法如下。

①断开开关S并将负载电阻R调到最大值。

②接通点火开关,使蓄电池向发电机励磁绕组提供励磁电流。

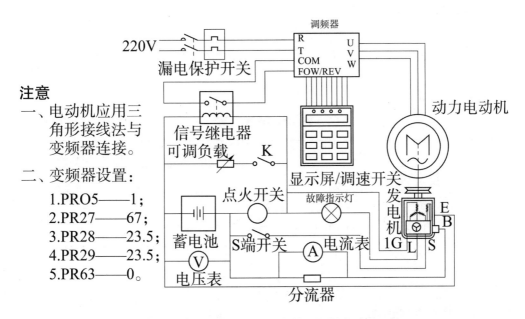

图 6-21　交流发电机性能测试试验电路

③起动电动机,并缓慢调高发电机转速。当输出电压达到试验电压(一般为13.5V)时,接通开关 S,并调节负荷电阻 R,使发电机达到额定电流值。同时还应调节发电机的转速,使输出电压保持为试验电压值。观测输出电压和电流达到额定值时的发电机转速,其转速应小于或等于额定转速的规定值。

四　评价与反馈

❶ 自我评价

(1)通过本学习任务的学习,你是否已经知道以下问题:

①在发电机解体过程中应注意哪些问题?在对解体后的发电机进行检查时,应该完成哪些内容?

②在发电机装复过程中应注意哪些问题?发电机在装复之后进行测试按什么步骤进行?

(2)拆检发电机与性能测试需要哪些设备?

(3)实训过程完成情况如何?

(4)通过本学习任务的学习,你认为自己的知识和技能还有哪些欠缺?

_____。

签名:_____   ____年____月____日

❷ **小组评价**(表6-1)

小 组 评 价 表   表6-1

序号	评价项目	评价情况
1	着装是否符合要求	
2	是否能合理规范地使用仪器和设备	
3	是否按照安全和规范的流程操作	
4	是否遵守学习、实训场地的规章制度	
5	是否能保持学习、实训场地整洁	
6	团结协作情况	

参与评价的同学签名:_____   ____年____月____日

❸ **教师评价**

_____

_____。

教师签名:_____   ____年____月____日

五 技能考核标准

拆检发电机技能考核标准见表6-2。

技 能 考 核 标 准   表6-2

序号	操作内容		规定分	评分标准	得分
1	整体式交流发电机的解体	解体内容	20分	拆卸发电机后端盖3分; 拆卸电刷架总成3分; 拆卸电压调节器3分; 拆卸整流器架及橡胶绝缘体3分; 拆卸传动带轮2分; 拆卸整流器后端架3分; 拆卸转子3分	
2		解体顺序	5分	顺序错一步扣1分	

续上表

序号	操作内容		规定分	评分标准	得分
3	交流发电机的检查	外观检查	6分	检查端盖2分； 检查风扇叶片和传动带轮2分； 检查前后轴承是否松旷2分	
4		检查转子总成	8分	检查励磁绕组是否导通3分； 检查励磁绕组是否绝缘3分； 检查集电环2分	
5		检查定子总成	6分	检查定子绕组是否导通3分； 检查定子绕组是否绝缘3分	
6		检查电刷组件	4分	检查电刷高度2分； 检测电刷弹簧压力2分	
7		硅整流二极管的检查	6分	用万用表检查正极管侧硅整流二极管2分； 用万用表检查负极管侧硅整流二极管2分； 用试灯检查二极管2分	
8	交流发电机的装复	装复过程	20分	将转子装入驱动端架内2分； 安装后端架2分； 安装传动带轮2分； 安装整流器架3分； 安装电刷架和IC电压调节器3分； 安装后端盖3分； 转子的动平衡试验5分	
9		装复顺序	5分	顺序错一步扣1分	

续上表

序号	操作内容		规定分	评分标准	得分
10	交流发电机装复后的测试	测试电路接线	5分	测试电路接线5分	
11		检测IC电压调节器	5分	检测IC电压调节器5分	
12		交流发电机性能试验	10分	空载试验5分；满载试验5分	
13	安全生产		—	造成人身轻伤或财物部分损坏扣50分；造成重大伤害或财物损毁停止操作,技能考核不给分	
总　　分			100分		

项目三　检修汽车起动系统

学习任务7　检修现代汽车起动系统

学习目标

☞ 知识目标

1. 能叙述起动系统的组成及各器件功能；
2. 能叙述起动机的作用、位置与分类。

☞ 技能目标

1. 学会对起动机不运转的故障进行分析和排除；
2. 熟练地进行起动机的拆解与检修。

☞ 素养目标

1. 分享分析和排除起动机不运转故障的过程，培养在学习中敢想敢为、敢担当的好品质；
2. 培养拆解、检修起动机时细心、全面的工匠精神。

建议课时

4课时。

车主反映，行驶里程约3.4万km的轿车无法起动，关火开关扭到起动挡无任何反应；试车时发现，接通点火开关时起动机不转，用手摸发动机舱熔丝盒内的起动机继电器，感觉不到吸合的振动。

一 理论知识准备

起动系统一般由蓄电池、起动开关、起动继电器、安全开关(又称空挡起动开关或离合器开关)和起动机等组成,如图7-1所示。

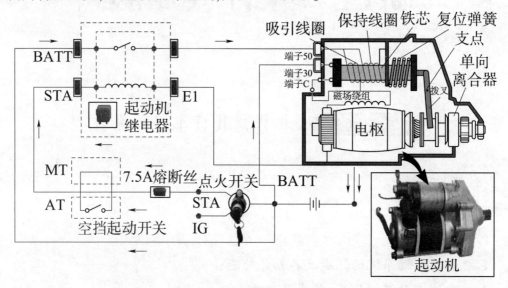

图7-1 起动系统的组成

❶ 起动机的作用、位置与分类

(1)起动机的功能。起动机用来起动发动机,发动机起动之后,起动机便立即停止工作。

(2)起动机在车上的位置。起动机在整车上位于发动机后方左侧,发动机与变速器连接处,如图7-2所示。

(3)起动机的分类。按传动机构啮入方式的不同,起动机可分为:强制啮合式起动机、减速式起动机。

①强制啮合式起动机如图7-3所示,它是靠电磁力拉动杠杆,强制拨动驱动齿轮啮入飞轮齿环。其特点是啮合机构简单、动作可靠、操作方便。

强制啮合式起动机应用最为广泛,本学习任务主要介绍强制啮合式起动机。

②减速式起动机如图7-4所示,它采用高速、小型、低力矩电动机,在传动机构中设有减速装置(行星齿轮机构),质量和体积比普通起动机可减小30% ~ 35%,但结构和工艺比较复杂。减速式起动机又分为外啮合减速式起动机、行星齿轮啮合式减速起动机。

❷ 起动机的组成

起动机一般由直流电动机、传动机构(或称啮合机构)和控制装

起动机组成

置(电磁开关)三部分组成,如图7-5所示。

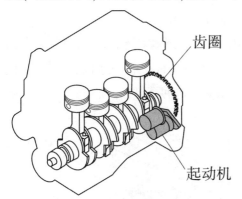

图7-2　起动机在整车上的位置

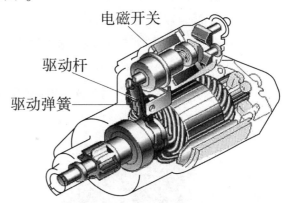

图7-3　强制啮合式起动机

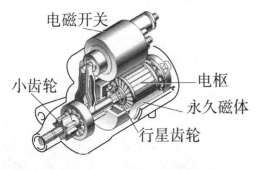

图7-4　减速式起动机

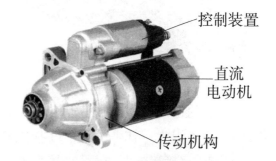

图7-5　起动机的组成

(1)直流电动机。直流电动机的作用是产生力矩,一般均采用直流串励式电动机。串励是指电枢绕组与励磁绕组串联。串励直流电动机主要由机壳、磁极、电枢、换向器及电刷等组成,如图7-6所示。

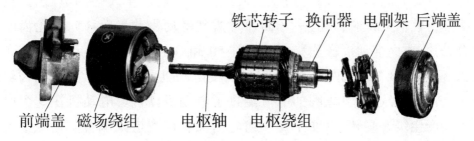

图7-6　直流电动机的组成

(2)起动机的传动机构。传动机构的作用是把直流电动机产生的转矩传递给飞轮齿圈,再通过飞轮齿圈把转矩传递给发动机的曲轴,使发动机起动后,飞轮齿圈与驱动齿轮自动打滑脱离。传动机构一般由驱动齿轮、单向离合器、拨叉、啮合弹簧等组成,如图7-7所示。

传动机构中,结构和工作情况比较复杂的是单向离合器,它的作用是传递电动机转矩,起动发动机,而在发动机起动后自动打滑,保护起动机电枢不致飞散。常用的单向离合器主要有滚柱式、摩擦片式和弹簧式等。

(3)起动机的控制装置。控制装置的作用是控制驱动齿轮和飞轮的啮合与分离,并且控制电动机电路的接通与切断。常用的装置有机械式和电磁式,现代汽车上广泛使用电磁式控制装置(电磁开关),如图7-8所示。

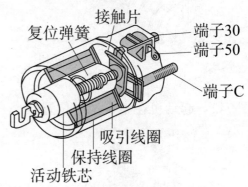

图7-7 起动机的传动机构　　　图7-8 电磁式控制装置

电磁式控制装置主要由吸引线圈、保持线圈、复位弹簧、可动铁芯,接触片等组成。其中,端子50接点火开关,通过点火开关再接电源,端子30直接接电源,端子C接直流电动机磁场绕组。

电磁开关
3D结构展示

电磁式控制装置的基本工作过程如图7-9所示。当起动电路接通后,保持线圈的电流经起动机接线柱50进入,经线圈后直接搭铁,吸引线圈的电流也经起动机接线柱50进入,但通过线圈后未直接搭铁,而是进入电动机的励磁线圈和电枢后再搭铁。两线圈通电后产生较强的电磁力,克服复位弹簧弹力使活动铁芯移动,一方面通过拨叉带动驱动齿轮移向飞轮齿圈并与之啮合,另一方面推动接触片移向接线柱50和C的触点,在驱动齿轮与飞轮齿圈进入啮合后,接触片将两个主触点接通,使电动机通电运转。在驱动齿轮进入啮合之前,由于经过吸引线圈的电流经过了电动机,所以,电动机在这个电流的作用下会产生缓慢旋转,以便于驱动齿轮与飞轮齿圈进入啮合。在两个主接线柱触点接通之后,蓄电池的电流直接通过主触点和接触片进入电动机,使电动机进入正常运转,此时,通过吸引线圈的电路被短路,因此,吸引线圈中无电流通过,主触点接通的位置靠保持线圈来保持。发动机起动后,在松开点火开关的瞬间内,接触盘仍使接线柱30和C接通,此时,由于吸引线圈与保持线圈产生相反的磁场(绕组中的电流方向相反,根据右手螺旋定则判断)而使有效磁场大大减弱,活动铁芯失去磁场力,在弹簧的作用下,活动铁芯复位,切断了电动机的电路,同时,也使驱动齿轮与飞轮齿圈脱离啮合。

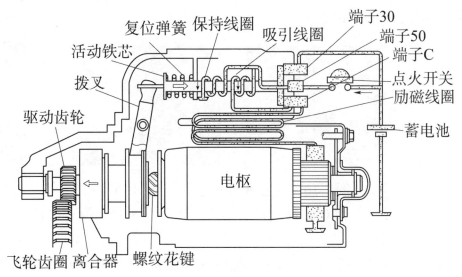

图 7-9　电磁式控制装置的基本工作过程

二　任务实施

❶ 准备工作

(1)准备一辆实训车辆,并将车辆停放在安全的检测区域。

(2)准备游标卡尺、百分表和带鲤鱼夹头的跨接线。

(3)准备手电筒、手套等外观目视检查时所需要的必须工具。

(4)确认驻车制动器操纵杆已拉紧、变速杆置于 P 挡或 N 挡,确认车辆安全停放。

(5)打开发动机舱盖,安装好车轮挡块、翼子板布、前格栅布及防护三件套等车辆防护用品。

❷ 技术要求与注意事项

(1)不同的车型,其零部件型号和安装位置不尽相同,需视具体车型或发动机系统调整部件检查的方法、步骤。

(2)在必须拔出元器件的连接器之前,请先关掉点火开关。

❸ 操作步骤

1)起动机不能运转的检修

(1)如果轿车配置了自动变速器,先将变速手柄置于 P 挡或 N 挡,如图 7-10 所示;如果轿车配置了手动变速器,先踩下离合器踏板至最低位,让离合器分离并接通离合器开关,如图 7-11 所示;然后将点火开关旋至起动挡,起动机起动齿轮不向外伸出,起动机不转。

图 7-10　将变速杆置于 P 挡或 N 挡

(2)将点火开关扭到 ON(打开)挡,如图 7-12 所示。确认没有设置会导致发动机控制模块禁止发动机起动的点火开关、起动机继电器、制动踏板位置传感器、安全防盗系统或自动变速器故障诊断码。此种故障可能由蓄电池及电路连接造成,也有可能由起动机本身造成,首先应进行区分。

图 7-11　踩下离合器踏板接通　　　　图 7-12　打开点火开关
　　　　　　离合器开关　　　　　　　　　　　　　到 ON 位置

(3)在车上检查蓄电池的状况和电源导线连接情况,如图 7-13 所示。可以按喇叭或开前照灯,若喇叭响声变小或前照灯灯光暗淡,说明蓄电池容量过低或电源导线接触不良;也可以在点火开关位于 ON 挡时,测量蓄电池两端的电压。其电压不应低于 9.6V。

(4)用螺丝刀或导线短接起动机电磁开关上的端子 30 和端子 50 两个接线柱,如图 7-14 所示。若起动机不转,说明电磁开关及直流电动机有故障,应解体检修;若起动机运转,说明起动机正常,故障在起动机以外的电路。

(5)用螺丝刀或导线短接起动机电磁开关上的端子 30 和端子 C 两个接线柱,如图 7-15 所示。若起动机不转,说明直流电动机有故障,应解体检修;若起动机运转,说明直流电动机正常,故障在起动机的电磁开关及以外的电路。

图 7-13　检查蓄电池的状况和电源导线连接　　图 7-14　用螺丝刀或导线短接起动机电磁开关上的端子 30 和端子 50

(6) 若起动机良好,应检查端子 50 的电压。若电压过低(小于 8 V),应对蓄电池的正极线、搭铁线、各接线柱及点火开关进行检查。若接线柱有脏污或松脱,应清洁或紧固。若端子 50 的电压为 0V,应对起动附加继电器进行检查,检查点火开关位于起动挡时,起动附加继电器若无吸合的声音,说明点火开关损坏或起动附加继电器损坏,应进行修理和更换,如图 7-16 所示。

图 7-15　用螺丝刀或导线短接起动机电磁开关上的端子 30 和端子 C　　图 7-16　检查端子 50 的电压

(7) 若是点火开关至起动机的导线断路,则进行线路导线的检修和更换。若故障仍然存在,说明故障在起动机本身。此时,应进行起动机的性能测试(吸引线圈和保持线圈测试等)或解体测试进行故障诊断和排除。

2) 起动机的拆解及零部件的检测

(1) 起动机的拆解。起动机的拆解如图 7-17 所示。

起动机解体前应清洁外部的油污和灰尘,然后按下列步骤进行拆解。

①从电磁开关处断开引线。

②拧出将电磁开关固定在驱动机构外壳上的两个螺母,将电磁开关取下。

③拧出后轴承盖的两个螺钉,将轴承盖取下。

④用一字螺丝刀将锁止板撬开,取出弹簧和橡胶圈。

⑤拧出两个贯穿螺栓,将换向器端框架拆下。

⑥用铁丝钩将四个电刷取出,同时将电刷架也拆下。

⑦将励磁线圈架和电枢等一并取下。

⑧用一字螺丝刀轻轻敲入前端止动圈套,撬出弹簧卡环,从电枢轴上拆下止动套圈和单向离合器。

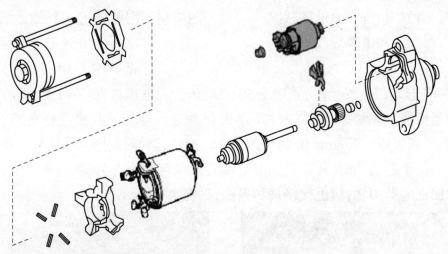

图 7-17　起动机的拆解图

(2)起动机解体后的检测。起动机拆解完毕后,还应对起动机的各个零部件进行检查,主要包括对电枢总成的检修、定子绕组的检修、电刷总成的检修、单向离合器的检修、电磁开关的检修。

①电枢总成的检修内容包括用百分表检查电枢轴的弯曲度、用游标卡尺检查换向器的直径、用万用表检查换向器和电枢线圈铁芯的绝缘性和电枢绕组(换向片与换向片间)的通断。

a. 用百分表检查电枢轴跳动,其跳动量不应大于 0.08mm,否则应进行校正或更换电枢,如图 7-18 所示。

b. 用游标卡尺检查换向器最小直径,检查时应和标准值进行比较,若测得的直径小于最小值,应更换电枢,如图 7-19 所示。

c. 将万用表调到 2MΩ 欧姆挡,两表笔放在换向器和电枢线圈铁芯上,不应导通,若导通,应更换电枢,如图 7-20 所示。

d. 将万用表调到 100Ω 欧姆挡,检查电枢绕组(换向片与换向片间),两表笔放在两换向片上,应导通,若不导通,应更换电枢,如图 7-21 所示。

②定子绕组的检修内容包括用万用表检查定子绕组和定子外壳的绝缘性和

定子绕组的短路、断路。

图 7-18　电枢轴的检查

图 7-19　换向器直径检查

图 7-20　电枢线圈搭铁的检查

图 7-21　电枢线圈断路的检查

a. 将万用表调到 2MΩ 欧姆挡，两表笔放在定子绕组端子和定子外壳上，不应导通，若导通，应更换定子绕组，如图 7-22 所示。

b. 将万用表调到 100Ω 欧姆挡，两表笔放在定子绕组两电刷上，应导通，若不导通，应更换定子绕组，如图 7-23 所示。

图 7-22　励磁线圈搭铁的检查

图 7-23　励磁线圈短路、断路的检查

③电刷总成的检修内容包括用游标卡尺检查电刷的长度、用万用表检查两电刷架的绝缘性、用弹簧测力计检查电刷弹簧的弹力。

a. 用游标卡尺测量电刷长度时要结合具体的标准，不应小于最小长度标准即可（具体标准以各车型参数为准），如图 7-24 所示。

b. 将万用表调到 100Ω 欧姆挡，两表笔放在"＋"电刷架 A 和"－"电刷架 B

两电刷架上,不应导通,若导通,应进行电刷架总成的更换,如图7-25所示。

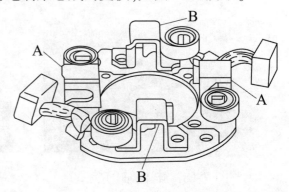

图7-24　电刷的检查　　　　　图7-25　电刷架的检查

c. 用弹簧测力计检查电刷弹簧的张力,不同型号起动机的弹簧张力是不同的,若测得弹簧的张力不在规定的范围之内,应更换电刷弹簧,如图7-26所示。

④单向离合器的检修内容是:握住电枢,当转动单向离合器外座圈时,驱动齿轮总成应能沿电枢轴自如滑动,检查小齿轮和花键及飞轮齿圈有无磨损和损坏,在确保驱动齿轮无损坏的情况下,握住外座圈,转动驱动齿轮,应能自由转动;反转时应锁住,否则,应更换单向离合器,如图7-27所示。

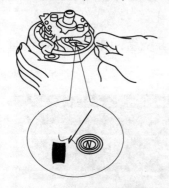
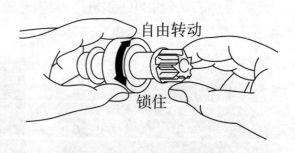

图7-26　电刷弹簧的检查　　　　　图7-27　单向离合器的检查

⑤电磁开关的检修内容包括复位弹簧的检查、用万用表检查吸引线圈和保持线圈的开路情况以及电磁开关接触片的接通情况。

a. 吸引线圈的开路检查,将万用表调到100Ω欧姆挡,两表笔放在端子50和端子C上,应导通,并且电阻的阻值应在标准范围内,若不导通,应更换电磁开关,如图7-28所示。

b. 保持线圈的开路检查,将万用表调到100Ω欧姆挡,两表笔放在端子50和电磁开关外壳上,应导通,并且电阻的阻值在标准范围内,若不导通,应更换电磁开关,如图7-29所示。

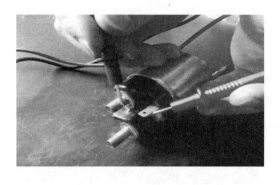 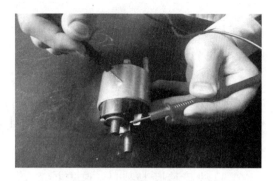

图7-28　吸引线圈的检查　　　　　图7-29　保持线圈的检查

c.复位弹簧的检查,推入活动铁芯,然后松开,活动铁芯应能迅速复位,否则应更换电磁开关,如图7-30所示。

d.电磁开关接触片的检查,用手推动活动铁芯,使其触盘与两接线柱接触,然后将万用表调到100Ω欧姆挡,两表笔放在端子30和端子C上,应导通,并且在正常情况下电阻的阻值为0Ω,若不导通,应更换电磁开关,如图7-31所示。

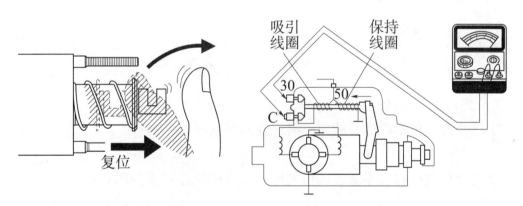

图7-30　复位弹簧的检查　　　　图7-31　电磁开关接触片的检查

(3)起动机的装复。起动机装复的步骤,基本原则是按分解时的相反步骤进行。

①安装拨叉与电枢总成到前端盖上。

②安装起动机磁极与电刷架总成。

③安装起动机后端盖。

④安装起动机电磁开关。

三 学习拓展(起动机运转无力的检修)

(1)故障现象:将点火开关旋至起动挡,驱动齿轮发出"咔嗒"声向外移出,但是起动机不转或运转缓慢无力。

(2)故障原因分析:蓄电池存电不足或有短路故障;电动机主电路接触电阻增大使起动机工作电流减小;磁场绕组或电枢绕组局部短路使起动机输出功率降低;起动机轴承过松或过紧;发动机装配过紧或因环境温度很低而导致起动阻力矩过大。

(3)故障诊断与排除:首先检查蓄电池容量和电源导线的连接情况,确认蓄电池容量是否足够,线路连接是否良好。若蓄电池容量足够和电源导线连接良好,故障依然存在,要区分故障在起动机或发动机本身还是在接线柱50之前的电路,用螺丝刀短接起动机电磁开关的两个主接线柱30和C,若短接后起动有力且运转正常,说明起动机电磁开关内主触点和接触盘接触不良;若短接后起动机仍然运转无力,可能电动机有故障,电刷和换向器之间电阻过大或接触不良,单向离合器打滑,需进一步检修。如果在接通起动开关后,起动机有连续的"咔嗒"声。若短接起动机电磁开关的两个主接线柱,起动机转动正常,说明电磁开关保持线圈断路或短路,应更换电磁开关。

四 评价与反馈

❶ 自我评价

(1)通过本学习任务的学习,你是否已经知道以下问题:
①检修起动机不能运转的故障时应注意哪些问题?
_____。
②起动机的拆解及零部件的检测操作过程中应注意哪些问题?
_____。
(2)拆检起动机需要哪些设备?
_____
(3)实训过程完成情况如何?
_____
(4)通过本学习任务的学习,你认为自己的知识和技能还有哪些欠缺?
_____

签名:_____   ____年____月____日

项目三 检修汽车起动系统

❷ 小组评价(表7-1)

小组评价表　　　　　　　　表7-1

序号	评 价 项 目	评 价 情 况
1	着装是否符合要求	
2	是否能合理规范地使用仪器和设备	
3	是否按照安全和规范的流程操作	
4	是否遵守学习、实训场地的规章制度	
5	是否能保持学习、实训场地整洁	
6	团结协作情况	

参与评价的同学签名:_____　　___年___月___日

❸ 教师评价

_____

_____。

教师签名:_____　　___年___月___日

五 技能考核标准

检修现代汽车起动系统技能考核标准见表7-2。

技能考核标准　　　　　　　　表7-2

序号	操 作 内 容	规定分	评分标准	得分
1	安全确认	8分	确认车辆停放平稳2分; 安装车轮挡块2分; 确认驻车制动器操纵杆已拉紧2分; 确认变速杆置于P挡或空挡2分	
2	前期准备	6分	安装尾气收集管2分; 安装车内防护件2分; 安装车外防护件2分	

续上表

序号	操作内容	规定分	评分标准	得分
3	故障现象及原因	10 分	起动时间不得超过 5s 2 分； 正确描述故障现象 2 分； 正确分析故障原因 6 分	
4	电源系统故障分析	5 分	能正确排除电源故障 5 分	
5	起动机故障分析	5 分	正确短接电磁开关上的端子 30 和端子 C 5 分	
6	电磁开关故障分析	5 分	正确短接蓄电池正极与电磁开关端子 50 5 分	
7	起动机的拆解	5 分	能够正确拆解起动机 5 分	
8	起动机的零部件的检测	5 分	能够正确检测起动机的零部件 5 分	
9	外观检查	6 分	查看安装状况并判断 2 分； 查看连接状况并判断 2 分； 查看线束状况并判断 2 分	
10	接触检查	6 分	用手或相关工具碰触 2 分； 连接部位状况并判断 2 分； 线束连接状况并判断 2 分	
11	拆装连接器操作	6 分	先观察再拆装连接器 2 分； 会拆装连接器卡扣 2 分； 会使用合适工具拆装 2 分	
12	拆卸后查看	12 分	检查连接器外壳并判断 3 分； 检查针脚异常并判断 3 分； 检查连接可靠性并判断 3 分； 元件不随意放置 3 分	
13	使用工具	10 分	使用短接工具操作 2 分； 使用碰触工具用力适当 2 分； 正确选择拆装工具 2 分； 掌握拆装技巧 2 分； 工具不掉落不随便放置 2 分	

续上表

序号	操作内容	规定分	评分标准	得分
14	5S 表现	6 分	注意收整 2 分； 注意清洁 2 分； 操作有条理 2 分	
15	操作记录	5 分	关键信息、参数不遗漏 5 分	
16	安全生产	—	造成人身轻伤或财物部分损坏扣 50 分； 造成重大伤害或财物损毁停止操作,技能考核不给分	
	总　　分	100 分		

学习任务8　就车检查与整体更换起动机

学习目标

☞ 知识目标

1. 能简述起动系统控制电路的工作过程；
2. 能叙述起动机就车检查与更换的操作步骤。

☞ 技能目标

1. 学会对起动系统电路进行就车检查；
2. 能进行就车拆卸起动机，并完成卸后性能测试。

☞ 素养目标

1. 能防范就车检查起动系统电路时自制的故障，坚持预防为主的安全观；
2. 领会我国电动机技术及其产业振兴的自豪感。

建议课时

4 课时。

一辆轿车起初起动困难,后来发展到起动车辆时,起动机一点反应都没有。经过对起动系统的目视检查和对起动机进行就车检查后,确认故障出自起动机。

一 理论知识准备

汽车的起动系统电路种类繁多,功能不同,但基本原理相同,包括主电路和控制电路。主电路是在起动机工作时为起动机励磁绕组和电枢绕组提供电流的电路;控制电路是控制起动机电磁开关的动作,一方面使起动机主电路接通,另一方面使起动机驱动齿轮与发动机飞轮齿圈啮合,达到使起动机带动发动机飞轮齿圈转动的目的。

(1)不带起动附加继电器的起动系统电路如图8-1所示。在一些起动机功率小于1.2kW的轿车电路中,能够见到由点火开关直接控制的起动电路,点火开关在起动挡直接控制起动机的吸引线圈、保持线圈,由于起动机电磁开关工作时电流较大,容易使点火开关损坏,现很少采用。

(2)带起动附加继电器的起动系统电路如图8-2所示。功率在1.5kW以上的起动机,工作时流经电磁开关线圈的电流在40A以上,不能由点火开关直接控制,常采用起动附加继电器的触点作开关,点火开关起动挡只控制起动继电器线圈的控制电流(一般不超过1A)。

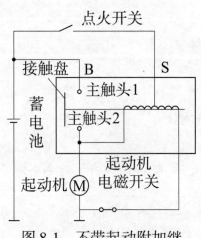

图8-1 不带起动附加继电器的起动电路

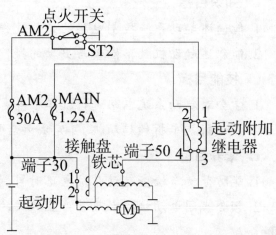

图8-2 带起动附加继电器的起动电路

(3)带起动保护的起动控制电路如图8-3所示。该电路的最大的特点就是带有组合继电器,具有起动保护作用,即发动机在运行状态下,如果因误操作而将点火开关转到起动挡,起动机不会工作,这样就避免了飞轮在高速运转时,起动机驱动齿轮的啮入而造成打齿的现象。

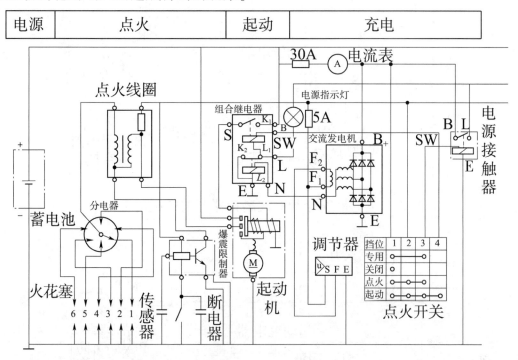

图8-3 带起动保护的起动控制电路

组合继电器中的起动继电器的线圈 L_1 受另外一个继电器的动断触点 K_2 的控制。发动机运转时,发电机中性点的电压加在组合继电器的线圈 L_2 上,吸开动断触点 K_2,使起动继电器的线圈 L_1 处于断路状态,即使此时将点火开关转到起动挡,因 L_1 中没有电流,不会将触点 K_1 闭合,起动机无法工作,起到了保护作用。

(4)带安全开关或离合器开关的起动电路如图8-4所示。该电路的最大的特点就是带有空挡安全开关(自动变速器)或离合器开关(手动变速器),如果轿车配置了自动变速器,只有变速手柄置于P挡或N挡,才能起动发动机。此外,如果轿车配置了手动变速器,只有踩下离合器踏板至最低位,才能起动发动机,这是为了防止在挡位上误操作而起动发动机,产生意外的人身伤害。

(5)带有防盗功能的起动电路如图8-5所示。该电路的最大的特点就是带有防盗控制器,用于防止汽车的非法起动。防盗控制器是一种安全保护装置,串接在起动继电器线圈的供电回路中。正常情况下,防盗控制器内的有关电路将起动继电器线圈的控制线搭铁,可以使起动系统正常工作,当防盗控制器处于防盗状态时,其内部的有关电路将起动继电器线圈的控制线与搭铁断开,从而切断了起动继电器线圈的电流,也就不能将发动机起动并开走,从而起到了防盗作用。

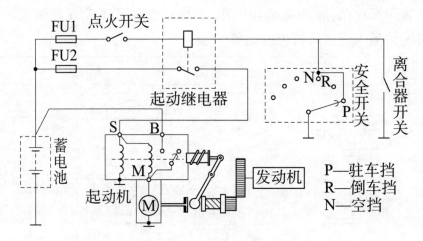

图8-4 带安全开关或离合器开关的起动电路

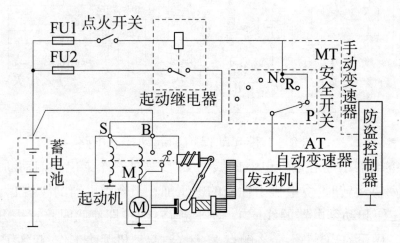

图8-5 带有防盗功能的起动电路

二 任务实施

❶ 准备工作

(1)准备一辆实训车辆,并将车辆停放在安全的检测区域。
(2)准备试灯、万用表、跨接线、120件套拆装工具。
(3)准备手电筒、手套等外观目视检查时所需要的必须工具。
(4)确认驻车制动器操纵杆已拉紧、变速杆置于P挡或N挡,确认车辆安全停放。

(5)打开发动机舱盖,安装好车辆挡块、翼子板布及防护、三件套等车辆防护用品。

❷ 技术要求与注意事项

(1)不同的车型,其零部件型号和安装位置不尽相同,需视具体车型或发动机系统调整部件检查的方法、步骤。

(2)在必须拔出元器件的连接器之前,请先关掉点火开关。

❸ 操作步骤

起动系统控制电路的就车检查与起动机就车拆装操作步骤如下。

起动机就车性能检测

1)外观检查

用眼睛观察元件在整车上的安装情况,用手摇动起动机及其线束连接器插头的连接情况;观察连接器的外观、端子状况,再用手轻轻摇晃端子检查其松动情况,如图8-6所示。

(1)检查起动机与变速器壳体连接是否松动;线束连接器连接是否良好。

(2)拔出线束连接器观察,端子是否锈蚀松动。

图8-6 外观检查

(3)观察连接到起动机的导线。

(4)分清起动机上的各个端子。

2)就车检测

就车检测是指不从汽车上单独拆下起动机进行检测,而是直接在车上对起动机及起动控制线路进行故障检测的过程。

(1)电磁开关的检测:将变速器变速杆置于N挡或P挡,踩下离合器踏板(手动挡车型),拔下起动机电磁开关连接插头,用短接线短接电磁开关50号接线柱与30接线柱,若起动机运转,则起动控制电路有故障或电源回路有故障,如图8-7所示。若起动机不运转,则应断开蓄电池负极,拆卸端子30和端子C的固定螺栓,用万用表的电阻挡检测电磁开关的吸引线圈和保持线圈的电阻值是否小于10Ω;如果小于10Ω则正常,如果等于∞,则电磁开关有故障。

(2)起动线路的检测:拔下起动机电磁开关连接插头,在点火开关起动挡时用试灯检测插头电压,试灯应点亮;或用万用表检测,应有12V左右的电压,无电压或试灯不亮则检查起动继电器,如图 8-8 所示。

图 8-7　电磁开关的检测　　　　　图 8-8　起动线路的检测

(3)起动继电器的检测:用手触摸发动机舱熔丝盒内的起动机继电器或者车身熔丝盒内的起动机继电器,感觉不到吸合的振动,如图 8-9 所示。

拔下起动继电器,对起动继电器进行线圈电阻和开关通断状况的测量。如图 8-10 所示,用万用表的电阻挡测量起动继电器的端子 85 与端子 86,阻值应小于 10Ω;再给端子 85 与端子 86 加上蓄电池电压,测量端子 30 与端子 87 的电阻,应小于 1Ω。若继电器无故障,应检测起动开关、线路及控制回路。

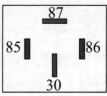

图 8-9　检测起动继电器　　　图 8-10　测量起动继电器线圈电阻和开关通断

(4)起动开关供电的检测。将变速器变速杆置于 N 挡或 P 挡,踩下离合器踏板(手动挡车型),扭动钥匙开关至 ON 挡,用万用表电压挡测量 85 孔,应有电压 12V 左右。如电压为 0V,则点火开关损坏,需更换点火开关。如图 8-11 所示,如果电压正常,则应检测起动控制回路。

(5)起动控制回路的检测。用万用表电压挡测量发动机壳体与蓄电池负极之间的电压值,应为 0V。如果测得的电压值大于 0.4V,则说明起动控制回路接触不良,应检修起动控制回路。

3)整体更换

整体更换是将起动机从汽车上拆下,不进行起动机的拆解,而后直接装上另一个完好的、工作正常的起动机的过程。

(1) 起动机就车拆卸。

① 将点火开关置于 OFF 位置,如图 8-12 所示。

② 断开蓄电池负极端子,如图 8-13 所示。

③ 断开起动机端子 30 电缆及端子 50 连接器,如图 8-14 所示。

图 8-11　检测起动开关的供电

图 8-12　将点火开关置于 OFF 挡

图 8-13　断开蓄电池负极

图 8-14　断开起动机端子 30 电缆及端子 50 连接器

④ 拆卸起动机固定螺栓,拆卸起动机。如图 8-15 所示。

(2) 起动机的就车安装:与拆卸起动机的顺序相反。注意安装前,先检查确定起动机是否工作正常;确定蓄电池负极断开;按照规定的力矩进行紧固螺栓。

三　学习拓展(起动机的性能测试)

起动机装复完毕之后或从车上拆卸起动后应进行性能检测,以保证起动机正常运行。主要包括吸引线圈的性能测试、保持线圈的性能测试、起动机直流电动机的性能测试、起动机空载测试。

图 8-15　拆卸起动机固定螺栓

(1)吸引线圈的性能测试。将电磁开关与起动机连接的端子 C 断开,与蓄电池负极连接。电磁开关壳体与蓄电池负极连接。将电磁开关与点火开关连接的端子 50 与蓄电池正极连接,此时,起动机驱动齿轮应向外移出,否则说明电磁开关有故障,应予以修理或更换,如图 8-16 所示。

(2)保持线圈的性能测试。在吸引线圈性能测试的基础上,拆下电磁开关端子 C 上的线,此时,驱动齿轮应保持在伸出位置不动;否则,说明保持线圈损坏或搭铁不正常,应修理或更换电磁开关,如图 8-17 所示。

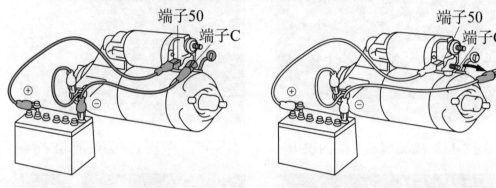

图 8-16　吸引线圈的性能测试　　　图 8-17　保持线圈的性能测试

(3)起动机直流电动机的性能测试。将起动机电磁开关上的端子 C 与蓄电池正极连接。电磁开关壳体与蓄电池负极连接。此时,起动机直流电动机应正常工作,否则说明起动机直流电动机有故障,应予以修理或更换。如图 8-18 所示。

(4)起动机空载测试。将起动机电磁开关上的端子 30 和 50 与蓄电池正极连接。电磁开关壳体与蓄电池负极连接。此时,起动机应平稳运转,同时驱动齿轮应移出;断开端子后,起动机应立即停止转动,同时驱动齿轮应缩回。否则说明起动机有故障,应予以修理或更换,如图 8-19 所示。

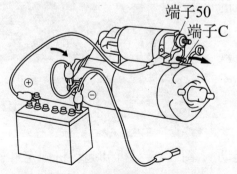 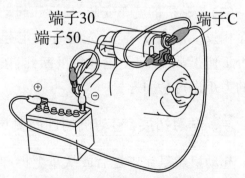

图 8-18　起动机直流电动机的　　　图 8-19　起动机空载测试
　　　　　性能测试

小提示：进行性能检测时，必须将起动机固定好，防止起动机通电运转时晃动甚至整体移动跌落，造成危险；用导线将起动机和蓄电池连接牢固，注意防止短路，通电时间不能超过5s。

思政小模块

我国电动机技术及其产业应用

电机在当今世界中的应用非常广泛，可以说有运动的地方就可能有电机。

目前，我国电机产业取得了长足进步，应用领域也相当广泛。我国制造的电机已经应用到建设、生活等方方面面。从大型起重机、生产线到汽车刮水器，无一不用到电机。中国制造的电机还走出国门，走向世界。

四 评价与反馈

1 自我评价

(1) 通过本学习任务的学习，你是否已经知道以下问题：

①起动系统控制电路的就车检查与起动机就车拆装操作步骤时应注意哪些问题？

_____。

②起动机的性能测试过程中应注意哪些问题？

_____。

(2) 汽车起动系统控制电路的工作过程是怎样的？

_____。

(3) 实训过程完成情况如何？

_____。

(4) 通过本学习任务的学习，你认为自己的知识和技能还有哪些欠缺？

_____。

签名：_____　　_____年___月___日

2 小组评价（表8-1）

小组评价表　　　　　　　　　　表8-1

序号	评价项目	评价情况
1	着装是否符合要求	
2	是否能合理规范地使用仪器和设备	

续上表

序号	评价项目	评价情况
3	是否按照安全和规范的流程操作	
4	是否遵守学习、实训场地的规章制度	
5	是否能保持学习、实训场地整洁	
6	团结协作情况	

参与评价的同学签名：_____　　　____年___月___日

❸ 教师评价

_____

_____。

教师签名：_____　　　____年___月___日

五 技能考核标准

就车检查与整更换起动机技能考核标准见表8-2。

技能考核标准　　　　　　　　　表8-2

序号	操作内容	规定分	评分标准	得分
1	安全确认	8分	确认车辆停放平稳2分；安装车轮挡块2分；确认驻车制动器操纵杆已拉紧2分；确认变速杆置于P挡或N挡2分	
2	前期准备	6分	安装尾气收集管2分；安装车内防护件2分；安装车外防护件2分	
3	就车检测	8分	正确检测电磁开关4分；正确检测起动线路4分	
4	起动机就车拆卸	10分	点火开关置于OFF位置2分；正确断开蓄电池负极端子2分；	

续上表

序号	操作内容	规定分	评分标准	得分
4	起动机就车拆卸	10 分	正确断开起动机端子 30 电缆及端子 50 连接器 2 分； 正确拆卸起动机固定螺栓 2 分； 拆卸起动机 2 分	
5	起动机的就车安装	10 分	确定起动机工作是否正常 2 分； 确定蓄电池负极断开 2 分； 正确安装起动机 2 分； 按照规定的力矩进行紧固螺栓 2 分； 正确安装蓄电池负极 2 分	
6	起动测试	6 分	起动时间不得超过 5s 3 分； 两次起动间隔时间应大于 15s 3 分	
7	外观检查	10 分	检查起动机与变速器壳体连接是否松动 2 分； 判断线束连接器连接是否良好 2 分； 正确拔出线束连接器观察，判断端子是否锈蚀松动 2 分； 正确观察连接到起动机的导线 2 分； 能够分清起动机上的各个端子 2 分	
8	接触检查	6 分	用手或相关工具碰触 2 分； 连接部位状况并判断 2 分； 线束连接状况并判断 2 分	

续上表

序号	操作内容	规定分	评分标准	得分
9	拆装连接器操作	6分	先观察再拆装连接器2分； 会拆装连接器卡扣2分； 会使用合适工具拆装2分	
10	拆卸后查看	12分	检查连接器外壳并判断3分； 检查针脚异常并判断3分； 检查连接可靠性并判断3分； 元件不随意放置3分	
11	使用工具	10分	使用短接工具操作2分； 使用碰触工具用力适当2分； 正确选择拆装工具2分； 掌握拆装技巧2分； 工具不掉落、不随便放置2分	
12	5S表现	6分	注意收拾整理2分； 注意清洁2分； 操作有条理2分	
13	操作记录	2分	关键信息、参数不遗漏2分	
14	安全生产	—	造成人身轻伤或财物部分损坏扣50分； 造成重大伤害或财物损毁停止操作,技能考核不给分	
	总　　分	100分		

项目四　检修发动机电子控制单元

学习任务9　检修发动机电子控制单元电源电路

 学习目标

☞ **知识目标**

1. 能叙述发动机电子控制单元的作用、基本组成及原理；
2. 学会参照电路图分析发动机电子控制单元电源电路。

☞ **技能目标**

1. 通过查询资料，找出电子控制单元电源电路，准确识别相应电路端子；
2. 通过分析，找出电子控制单元电源电路的简单故障并排除。

☞ **素养目标**

1. 通过对发动机电子控制单元电源电路的学习，进一步探索控制单元内部电源控制逻辑关系；
2. 训练团队及个人的探究意识和钻研精神。

 建议课时

10课时。

李老师的轿车，将点火钥匙扭到起动挡，发动机没有任何反应，发动机故障指示灯常亮。开到修理厂，技师连接故障诊断仪进行检查，发现无法进入发动机控制系统，由此初步判断为发动机电子控制单元不工作，检查电子控制单元电源。

一 理论知识准备

(一)电子控制单元概述

电子控制单元(Electronic Control Unit,简称 ECU)是汽车发动机控制系统的核心,它可以根据发动机的不同工况,向发动机提供最佳空燃比的混合气和最佳点火时间,使发动机始终处在最佳工作状态,发动机的性能(动力性、经济型、排放性)达到最佳。

❶ ECU 的功用

(1)燃油喷射(EFI)控制,如图 9-1 所示。

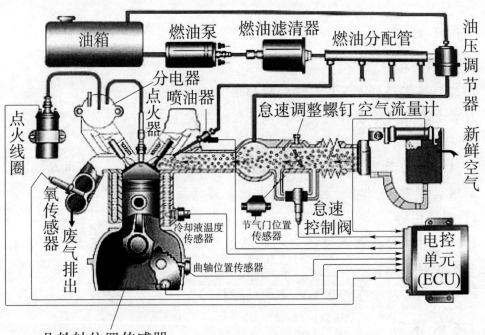

图 9-1 电子控制式燃油喷射系统

①喷油量控制。ECU 将进气量和发动机负荷作为主要控制信号,以确定基本喷油脉冲宽度(即基本喷油量),并根据冷却液温度、进气温度、进气压力、尾气氧含量等信号修正喷油量。

②喷油正时控制。采用多点顺序燃油喷射系统的发动机,ECU 除了控制喷油量外,还要根据发动机各缸的点火顺序,将喷油时间控制在最佳时刻,以使燃油充分燃烧。

③断油控制。

减速断油控制:汽车在正常行驶中,驾驶人突然松开加速踏板时,ECU自动中断燃油喷射,直至发动机转速下降到设定的低转速时再恢复喷油。

超速断油控制:当发动机转速高于安全转速或汽车车速超过设定的最高车速时,ECU自动中断喷油,直至发动机转速低于安全转速一定值且车速低于最高车速一定值时恢复喷油。

④燃油泵控制。当打开点火开关后,ECU控制燃油泵工作3s,用于建立必要的油压。若此时发动机不起动,ECU控制燃油泵停止工作。在发动机起动和运转过程中,ECU控制燃油泵正常运转。

(2)点火(ESA)控制。发动机点火控制原理如图9-2所示。

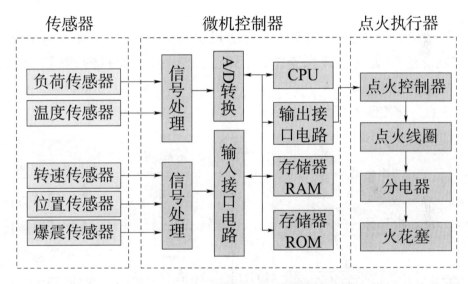

图9-2 发动机点火控制框图

①点火提前角控制。发动机运转时,ECU根据发动机的转速和负荷信号计算相应工况下的点火提前角,并根据发动机的冷却液温度、进气温度、节气门位置、爆震信号等修正点火提前角,最后得到一个最佳的点火正时。在点火正时前的某一预定角,ECU控制点火线圈的初级通电,在到达点火正时角时,ECU切断点火线圈初级电流并在次级线圈中感应出高压电使相应汽缸的火花塞跳火,点燃混合气。

②通电时间(闭合角)控制。点火线圈初级电路在断开时需要保证足够大的电流,以使次级线圈产生足够高的电压。与此同时,为防止通电时间过长而使点火线圈过热损坏,ECU根据蓄电池电压及发动机转速等信号,控制点火线圈初级电路的通电时间。

③爆震控制。ECU接收到爆震传感器输入的信号后,对该信号进行处理并判断是否即将产生爆震。当检测到爆震信号后,ECU立即推迟发动机点火提前角,避免爆震产生。

(3)怠速控制(ISC)。ECU根据怠速开关闭合信号判断发动机是否工作在怠速工况。当发动机处于怠速工况时,ECU根据怠速节气门电位计的输出信号和发动机转速与目标转速之差,决定怠速电动机的旋转方向和旋转角度,调节怠速节气门的开度。当发动机实际转速低于目标转速时,电动机正转,电动机轴通过齿轮机构将节气门打开一微小的开度,增加发动机进气量,使发动机转速增加;当发动机实际转速高于目标转速时,电动机反转,将节气门关闭一微小的开度,减少发动机进气量,使发动机转速降低,逐渐达到目标转速。

当发动机处于怠速工况时,若发动机负荷增大(如空调压缩机起动),ECU控制怠速电动机调节怠速节气门开度来提高发动机转速,防止发动机熄火。

完整的怠速控制原理如图9-3所示。

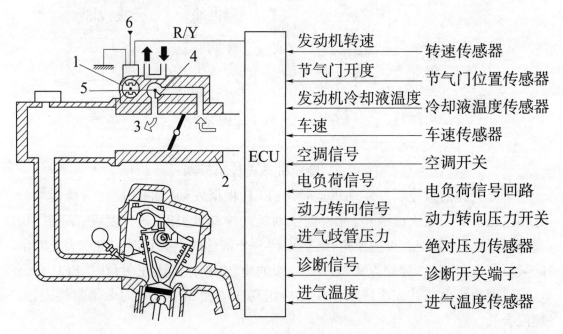

图9-3 怠速控制原理
1-怠速电动机;2-节气门体;3-怠速通道;4-阀片;5-转轴;6-怠速控制线束

(4)排放控制。

①汽车尾气排放污染控制。在汽车发动机的排气管上安装三元催化转换器

可净化排气中的有害气体成分（CO、HC、NO），但三元催化转换器只能在空燃比接近理论值（$A/F=14.7:1$）的范围内起作用。排气管中安装氧传感器，可通过检测排气中氧的含量来获取混合气空燃比。ECU根据氧传感器输入的信号，对喷油量进行修正，实现空燃比的反馈控制，使混合气的空燃比接近理论值。三元催化转换器能更有效地起净化作用，使有害气体的排放量降到最低。

②废气再循环（EGR）控制。当发动机的废气排放温度达到一定值时，ECU根据发动机的转速和负荷信号，控制EGR阀的开启动作，使一定数量的废气进行再循环燃烧，以降低排气中氮氧化物的排放量，如图9-4所示。

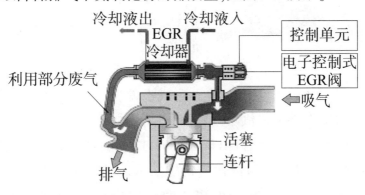

图9-4　废气再循环控制

③活性炭罐清污电磁阀控制。活性炭罐清污电磁阀控制也称燃油蒸发排放控制，是ECU根据发动机冷却液温度、转速和负荷等信号，控制活性炭罐清污电磁阀的开启工作，将活性炭吸附的汽油蒸气吸入进气管，进入发动机燃烧，降低汽油蒸气排放，如图9-5所示。

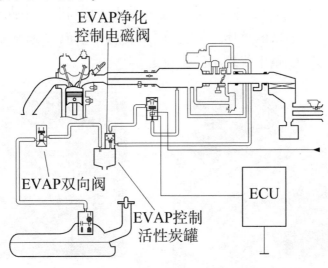

图9-5　活性炭罐清污电磁阀控制

(5) 自诊断与报警。

①故障报警。当发动机电子控制系统出现故障时，ECU 点亮仪表板上的故障指示灯，如图 9-6 所示，提醒驾驶人发动机已出现故障，应立即检查修理。

②故障记录。当发动机电子控制系统出现故障时，ECU 将故障以代码的形式存储在 ECU 的存储器中，维修人员通过故障诊断插座，使用专用故障诊断仪调出故障信息，或根据故障指示灯的闪烁情况确定故障信息。

图 9-6　发动机故障报警灯

③备用运行功能。若汽车一出现故障就立即关闭电子控制系统，会给驾驶人造成不便，为此，发动机控制系统设有备用运行功能，以协助驾驶人将汽车开到汽车维修站。

备用运行功能只有在发动机出现故障时才启用，此时正常运行功能被关闭，ECU 用存储器中预先设定的参数代替传感器检测的信息来控制发动机，使发动机继续运行。如果故障被排除，正常功能立即投入使用，备用运行功能自动关闭。

(6) CAN 总线接口。发动机 ECU 预留 CAN 通信接口（图 9-7），以便与车内其他电子控制单元通过 CAN 总线方式进行数据通信，形成车内局域网。

❷ ECU 的基本组成

ECU 是一种电子综合控制装置，一般由微处理器和 IC 电路组成，封装在金属壳体中，形成一个独立的整体单元，如图 9-8 所示。ECU 通常安装在汽车上尘土和潮气不易侵入、电磁干扰较小的部位。

图9-7　发动机 ECU 预留有 CAN 接口

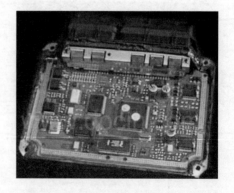

图 9-8　电子控制单元总成

ECU 主要由硬件和软件两大部分组成。硬件部分主要包括系统电路、电源电路、输入采集接口电路、输出驱动电路等,如图 9-9 所示。

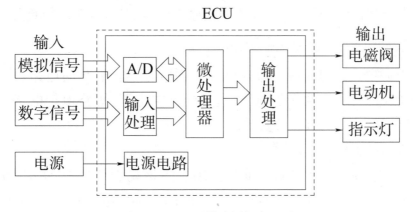

图 9-9　电子控制单元组成

(1) 系统电路。系统电路以所选定的单片机为核心,主要有存储区扩展电路、时钟电路、复位电路、通信电路等。

(2) 输入接口电路。输入接口主要将从传感器中采集到的转速、加速踏板位置、冷却液温度等各种信号进行放大、整形、电压转换、滤波处理等,保证实时准确地为微处理器(CPU)提供发动机的各种参数,以便微处理器进行监控。

(3) 驱动电路。驱动电路主要是将微处理器根据发动机状态和操作人员的要求计算得到的控制信号放大驱动,实现对油量控制机构和定时控制机构的控制。

❸ ECU 的工作原理

(1) 信号过滤和放大。

输入电路接收传感器和其他装置的输入信号,并对信号进行过滤和放大。输入信号放大的目的是使信号增加到汽车 ECU 可以识别的程度,例如氧传感器,其产生一个低电压信号,只能产生极小的电流,这样的信号送入 ECU 内的微处理器之前必须放大,这个放大作用由 ECU 中输入芯片内的放大电路来完成。

(2) 模数(A/D)转换。

很多传感器产生的是模拟信号,而微处理器处理的是数字信号,因此,必须把模拟信号转换为数字信号,这项工作由 ECU 输入芯片中的模数(A/D)转换器完成。模数转换器以固定的时间间隔不断地对传感器的模拟输入信号进行扫描,并对模拟信号赋予固定的数值,然后将这个固定值转换成二进制码。在一些汽车 ECU 中,输入处理芯片和微处理器制成一体。

(3)运算、处理与输出。

微处理器将已经预处理过的信号进行运算,并将处理后的数据送至输出电路。输出电路将此信号放大,有些还要还原为模拟信号,以驱动执行元件工作。

(二)发动机 ECU 电源电路分析

ECU 电源电路的组成有:常时电源(备用电源)电路,延时电路,稳压滤波电路,限幅吸收电路,反极性保护电路,过电压保护电路,短路保护电路,过电流过热保护电路,复位电路,散热装置等。

电源电路电子模块、端子分析如下。

(1)BATT 常时电源。BATT 即蓄电池端子,该端子是 ECU 的常时电源,用以在点火开关切断后,主继电器 M-REL 被切断的后续供电,使 RAM 中存储的故障码信息和学习值不会丢失,这样便于自诊断和下次起动后迅速直接进入优化工况。尼桑轿车(NISSAN SR18)ECU 常时电源电路如图 9-10 所示。

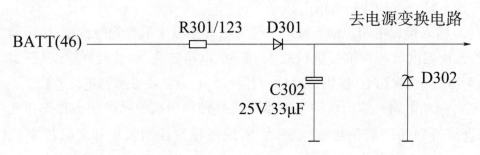

图 9-10　尼桑轿车(NISSAN SR18)ECU 常时电源电路

(2)+B/+B1 受控电源。一些 ECU 为提高电流的可靠性,+B 的供电采用双线并联,在 ECU 的板子上也有印刷铜铂并联,图 9-10 中的 R301/123 为限流保护电阻,D301 为超压及反接保护二极管,C302 为滤波电容。

+B/+B1 一般来自各主继电器输出的受控电源线,其电流在电控系统正常工作期间是随输出执行器的电流变化的,一般在几十毫安至几百毫安。在内部电路中,还要经复位和稳压电路变换或 +5V 的电源以给 CPU、A/D 转换等供电。

(3)主继电器 M-REL。主继电器一般给 ECU 的 +B/+B1、喷油器、油泵继电器、怠速执行机构等供电,但因车型设计而异,具体电力分配以实车为准。

①采用怠速电磁阀(非步进电动机)的机型,主继电器供电电路有如下两种:主继电器线圈直接由点火开关 IGSW 正极控制,如图 9-11 所示;主继电器控制端受 ECU 的端子控制,如图 9-12 所示。

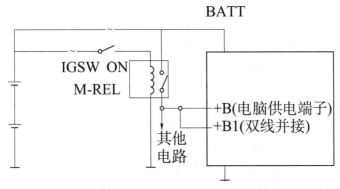

图9-11　主继电器线圈直接由点火开关IGSW正极控制

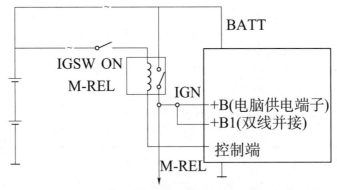

图9-12　主继电器控制端受ECU的端子控制

②对于采用步进电动机作为急速执行器的机型,由于需要在关机后复位,要求急速阀要延时断电,因此,主继电器受ECU的控制,点火开关IG挡通电(主继电器)即打开,断电即延时。

(4)点火开关(IGSW端子)。一些车型的ECU无此端子,ECU只接收来自点火开关直接控制式主继电器的输出正极作为电源,而另一些ECU依此点火挡(RUN、IG、ON或IGN)信号,在ECU的另设端子控制主继电器。

(5)5V电源VC。为ECU向外传感器输出供电端子,多为+5V,主要向节气门位置传感器TPS、空气流量传感器MAP和一部分采用+5V的MAF供电。一些车型的TPS-VC和MAP-VC是来自ECU内同一内电源(+5V)的分支(串有限流电阻)或并联,另一些可以有不同的5V稳压系统来供电。有些车型的MAP-VC对地短路后,由于其输出电流较大,导致ECU内CPU不工作,而使故障灯都不会点亮,但12V供电正常,而5V输出近似为0;又如对MAP来说,线路接错即MAP的地线和VC接反,其反向电流更大,一些修理人员认为MAP损坏后又怀疑ECU损坏,其实是MAP三根线的错误连接导致。科鲁兹轿车发动机ECU 5V电源总线如图9-13所示。

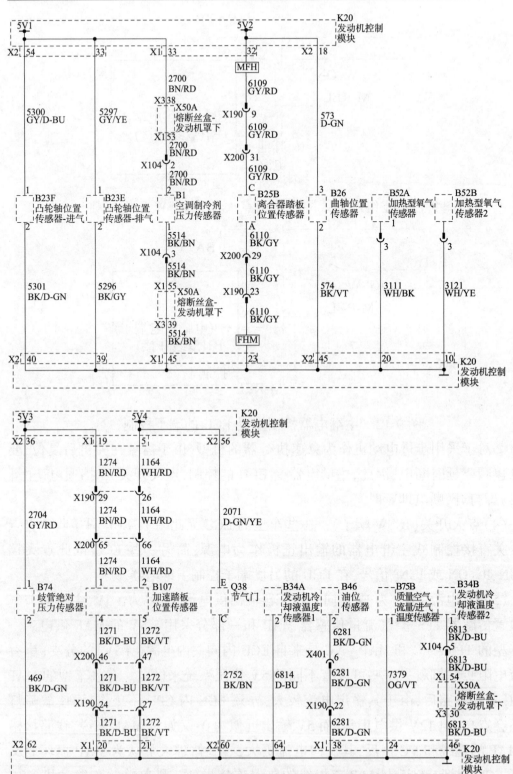

图 9-13　科鲁兹轿车 5V 电源总线图

二 任务实施

❶ 准备工作

(1) 准备一辆实训车辆,并将车辆停放在安全的检测区域。

(2) 确认驻车制动器操纵杆已拉紧、变速杆置于 P 挡或空挡,确认车辆安全停放。

(3) 准备一台汽车故障诊断仪和万用表。

❷ 技术要求与注意事项

(1) 不同的车型,ECU 的安装位置及其电源电路不尽相同,需视具体车型或发动机 ECU,根据维修手册查找到相关部件和具体电路。

(2) 在须拔出 ECU 的连接器之前,请先关掉点火开关并拆掉蓄电池负极。

❸ 操作步骤

(1) 查阅故障码。发动机电子控制单元电源电路出现故障后,可能会出现 B1325、B1330、B1517、C0800、P0560、P0562 或 P0563 等的故障码,具体含义如下。

B1325:控制模块电源电路。

B1330:控制模块电源 2 电路。

B1517:蓄电池电压。

C0800:控制模块电源电路。

P0560:系统电压。

P0562:系统电压低电压。

P0563:系统电压高电压。

将点火开关置于 ON 位置,ECU 通过车辆控制模块或传感器来监控系统电压,检测系统电压若低于 9V 上下并持续 5s,则系统出现故障码。系统设置故障码后,可能会通过仪表板的信息中心和(或)故障指示灯提醒驾驶人;同时,控制模块可能会被暂时停用。

(2) 基本操作检验。

①将点火开关置于 OFF 位置 2min,测量并记录蓄电池端子的蓄电池电压应稳定在 12.4~12.8V,如图 9-14 所示。

图 9-14 测量蓄电池端子示意图

②如果蓄电池电压低于12.4V,起动发动机,怠速运转,点亮前照灯,测量并记录蓄电池端子电压至少比12.8V高出1V,但低于15V,则测量控制模块的+B以及点火电压与蓄电池之差应在1V之内。

③如果高于12.8V且在15V以上,则对充电系统进行测试,详见充电系统测试任务。

测量蓄电池端子与ECU电源电压见表9-1,并做记录。

表9-1 测量蓄电池与ECU电源电压

测量条件	测量位置	测量标准值	结论
点火开关置于OFF位,3min后	蓄电池B+与B-	≥12.4V	
起动发动机,并点亮前照灯	蓄电池B+与B-	≥13.6V	
点火开关置于ON位,破开ECU端的+B线	ECU的+B与负极	≥12.0V	

(3)电路测量。将点火开关置于OFF位置,(可能需要2min才能关闭所有车辆系统),断开相应ECU模块的线束连接器。测试各搭铁电路端子和搭铁之间的电阻。

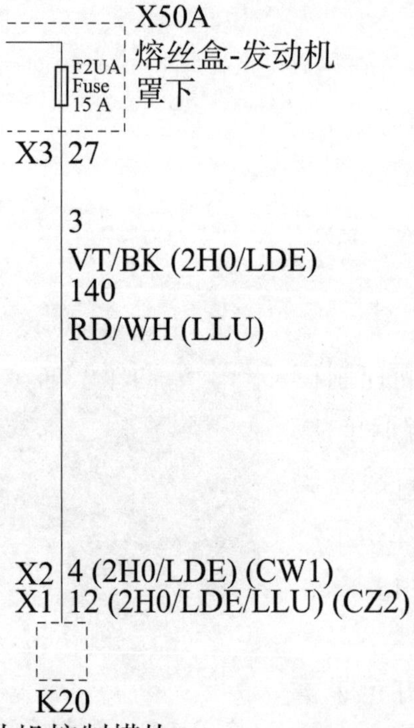

①如果等于或大于10Ω,将点火开关置于OFF位置,测试搭铁电路端对端的电阻,应小于2Ω。如果为2Ω或更大,判断为此线存在断路或电阻过大的故障。如果小于2Ω,则判断为此线搭铁点存在接触不良的故障。

②如果小于10Ω,用试灯确认每个+B电路端子和搭铁之间,应点亮。图9-15所示为科鲁兹轿车发动机ECU常时电源电路图。

如果测试灯未点亮,而电路熔丝良好,则将点火开关置于OFF位置,测试+B电路端对端的电阻应小于2Ω。如果为2Ω或更大,则正极线路中存在断路故障;如果小于2Ω,再次确认熔丝是否已熔断或正极线与蓄电池正极端子连接是否良好。

图9-15 ECU常时电源电路

如果测试灯未点亮，发现熔丝已熔断，将点火开关置于 OFF 位置，测试 +B 电路和搭铁之间的电阻，应为无穷大。如果电阻不为无穷大，则正极电源线有对搭铁短路的故障。如果电阻为无穷大，说明正极线没有与对地短路的故障，先更换熔丝后故障仍未排除，则更换相应的 ECU 控制模块。

小提示：一些控制模块搭铁电路可能需要在点火开关关闭后长达 20min 的时间才能达到低于 5Ω 的电阻读数。在大多数情况下，这些读数将在 1min 内降至低于 20Ω，指示控制模块准备进入休眠状态。

三 学习拓展（汽车发动机电子控制单元控制功能的补充说明）

❶ 喷油量控制

ECU 对喷油量的控制是通过控制输出到喷油器电磁线圈的脉冲宽度来实现的，喷油量与脉冲宽度成正比。喷油脉冲宽度控制范围为 2~10ms。

发动机在不同工况下运转，对混合气浓度的要求不同，特别是在一些特殊工况下（如起动、急加速、急减速等），对混合气浓度有特殊的要求。ECU 要根据有关传感器测得的运转工况，按不同的方式控制喷油量。喷油量的控制方式可分为起动控制、运转控制、断油控制和反馈控制。

❷ 喷油正时控制

燃油喷射采用多点顺序喷射方式，在发动机运转期间，由 ECU 控制喷油器按进气行程的顺序轮流喷射燃油。

❸ 点火控制

发动机运转时，ECU 根据发动机转速和负荷信号，计算相应工况下的点火提前角，并根据发动机的冷却液温度、进气温度、爆震信号等修正点火提前角，再根据曲轴位置传感器信号判别曲轴转速、位置及几缸处于压缩行程上止点，然后控制点火线圈点火。点火系统可采用无分电器同时点火方式，每两个汽缸合用一个点火线圈，对两个汽缸同时点火。两缸同时点火的组合原则是：一缸工作在压缩行程，另一缸工作在排气行程。

❹ 怠速控制

怠速控制阀有步进电动机式和线性脉冲电磁阀式两种，其中步进电动机式怠速控制阀应用较多，效果更好。ECU 根据节气门怠速开关信号和车速信号判断发动机怠速工况，然后根据冷却液温度信号、空调开关信号等负荷情况控制步进电动机旋转，调节怠速控制阀开度，从而调节旁通空气量，使发动机转速达到目标转速。

❺ 炭罐电磁阀控制

发动机在运转时，ECU 根据发动机冷却液温度、转速等信号控制炭罐电磁阀工作。

❻ 废气再循环(EGR)电磁阀控制

废气再循环阀的开度随节气门的开度增大而增大，即废气再循环量随发动机负荷的增大而增大。

❼ 故障诊断

当发动机控制系统出现故障时，ECU 能对故障进行诊断，并以故障码形式存储起来，通过仪表板故障指示灯闪亮报警。

 思政小模块

我国汽车检修技术的发展

自汽车被作为交通运输工具以来，汽车检修便一直存在，检修技术也在不断发展。

20 世纪 80 年代以前，汽车检修主要依赖工人积累的经验，通过人工方法进行检查、判断和修理。随着技术进步，汽车电气化水平不断提高，工人开始运用诊断仪对汽车进行检查与诊断。形成了以诊断仪为首要技术手段的现代汽车检修技术。

四 评价与反馈

❶ 自我评价

(1) 通过本学习任务的学习，你是否已经知道以下问题：

①对 ECU 电源电路的分析掌握情况：

_____。

②对 ECU 电源的检修操作项目有：

_____。

(2) 对 ECU 电源的检查操作过程中用使用了哪些设备或工具？

_____

(3) 实训过程完成的如何？

_____

(4) 通过本学习任务的学习，你认为自己的知识和技能还有哪些欠缺？

_____

签名：_____　　　　　___年___月___日

项目四　检修发动机电子控制单元

❷ **小组评价**(表9-2)

小组评价表　　　　　　表9-2

序号	评价项目	评价情况
1	着装是否符合要求	
2	是否能合理规范地使用仪器和设备	
3	是否按照安全和规范的流程操作	
4	是否遵守学习、实训场地的规章制度	
5	是否能保持学习、实训场地整洁	
6	团结协作情况	

参与评价的同学签名：＿＿＿＿＿＿　　＿＿＿年＿＿＿月＿＿＿日

❸ **教师评价**

＿＿。

教师签名：＿＿＿＿＿＿　　＿＿＿年＿＿＿月＿＿＿日

五 **技能考核标准**

检修发动机ECU电源电路的技能考核标准见表9-3。

技能考核标准　　　　　　表9-3

序号	操作内容	规定分	评分标准	得分
1	安全确认	12分	确认车辆停放平稳4分；确认驻车制动器操纵杆已拉紧4分；确认变速杆位于P挡4分	
2	记录车辆铭牌信息	8分	记录VIN、车型、发动机型号、排量各2分	
3	连接诊断仪及万用表	8分	开机确认仪器正常2分；选择正确诊断接口2分；连接前关闭仪器2分；关闭点火钥匙到OFF 2分	

续上表

序号	操作内容	规定分	评分标准	得分
4	选择诊断仪功能	2分	能正确选择"汽车故障诊断"功能2分	
5	选择车型	4分	根据车辆信息选择车型2分； 根据车辆信息选择年份2分	
6	选择发动机	4分	根据信息选发动机型号2分； 根据信息选发动机参数2分	
7	选择检查项目	3分	正确选择"读取故障码"3分	
8	用万用表测量蓄电池电压	9分	能准备连接万用表与端子3分； 测量静态电压并判断2分； 测量充电电压并判断2分； 查看线束端子连接并判断2分	
9	测量各端子间电压	6分	准确读取万用表读数3分； 能根据读数判断故障3分	
10	接触检查	6分	用手或相关工具碰触2分； 连接部位状况并判断2分； 线束连接状况并判断2分	
11	拆装连接器操作	6分	先观察再拆装连接器2分； 会拆装连接器卡扣2分； 会使用合适工具拆装2分	
12	拆卸后查看	12分	检查连接器外壳并判断3分； 检查针脚异常并判断3分； 检查连接可靠性并判断3分； 元件不随意放置3分	

续上表

序号	操作内容	规定分	评分标准	得分
13	使用工具	10 分	使用照明工具查看 2 分；使用工具时用力适当 2 分；正确选择拆装工具 2 分；掌握拆装技巧 2 分；工具不掉落不随便放置 2 分	
14	5S 表现	5 分	注意收拾整理 2 分；注意清洁 1 分；操作有条理 2 分	
15	操作记录	5 分	关键信息、参数不遗漏 5 分	
16	安全生产	—	造成人身轻伤或财物部分损坏扣 50 分；造成重大伤害或财物损毁停止操作，技能考核不给分	
总分		100 分		

项目五　检修燃油供给系统

学习任务 10　检修燃油泵及其控制电路

学习目标

知识目标
1. 熟悉发动机燃油供给系统的基本组成及功用；
2. 掌握燃油泵控制电路工作原理。

技能目标
1. 能规范检查燃油泵及其控制电路；
2. 能规范正确地对继电器进行检测。

素养目标
培养完整全面、精准细致检修燃油系统的工匠精神。

建议课时

10 课时。

任务描述

一辆轿车不能起动，经初步检测，判断故障为燃油泵不能正常工作，将车拖运到修理厂做进一步检查。

一 理论知识准备

❶ 发动机燃油供给系统的基本组成及工作原理

发动机燃油供给系的作用是提供发动机工作所需要的燃油。发动机燃油供给系统一般由燃油箱、燃油泵、燃油滤清器、燃油分配管、燃油压力调节器、喷油器等部件组成,如图 10-1 所示。

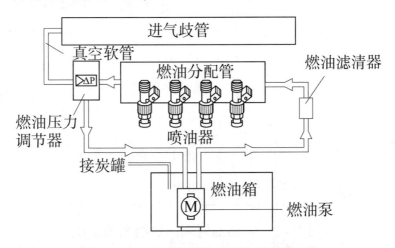

图 10-1 发动机燃油供给系统组成

有些发动机的燃油供给系统采用了无回油管系统不使热燃油从发动机返回至油箱,以降低油箱的内部温度,油箱内部温度的降低导致较低的蒸发排放。无回油管燃油供给系统将汽油滤清器、燃油压力调节器与汽油泵一体装入油箱,形成了单管路燃油系统,如图 10-2 所示。

燃油从燃油箱中被燃油泵泵出,先由燃油滤清器将杂质过滤后再通过输油管、燃油分配管送到各个喷油器。发动机 ECU 根据发动机转速传感器和进气传感器的信号,确定基本喷油量;根据进气温度传感器、节气门位置传感器、氧传感器等其他传感器提供的信号确定修正喷油量;根据基本喷油量和修正喷油量精确控制各缸喷油器的喷油时长。

❷ 发动机燃油供给系统的各组成部件及其功用

(1)燃油箱。燃油箱的作用是储存燃油,其数目、容量、外形及安装位置都随车型而异,一般汽油箱的容量能使汽车行驶 300~600km。燃油箱如图 10-3 所示。

由于汽油的挥发性很好,汽油会在燃油箱内挥发。为防止挥发的汽油排放到大气中污染环境,现代轿车设置了燃油箱蒸发排放控制装置,将活性炭罐与燃油箱连接,燃油箱内挥发的汽油蒸气被吸附到活性炭罐内的活性炭上。发动机工作时,发动机 ECU 控制炭罐电磁阀通电打开,即可将吸附在活性炭上的汽油蒸气分子吸入发动机汽缸内燃烧。

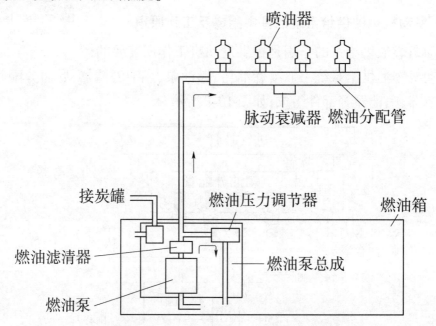

图 10-2　无回油管燃油供给系统组成

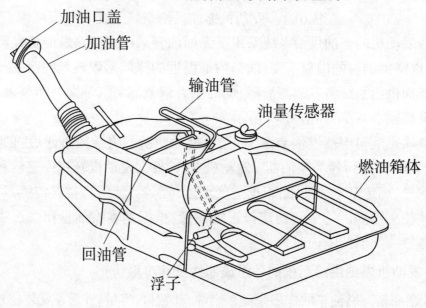

图 10-3　燃油箱

燃油箱内一般装有燃油量传感器,用它来检测油箱内储存的燃油量,并将燃油量信息传递给仪表显示,以告知驾驶人;当燃油量过低时,仪表上的燃油量报警灯会点亮报警。

(2)燃油泵。燃油泵一般为永磁电动机驱动,所以又称其为电动燃油泵。燃油泵的作用是把燃油从油箱内吸出,并通过输油管输送到燃油分配管,再由喷油器将燃油喷入发动机各汽缸。现代轿车广泛采用电动汽油泵,如图10-4所示。

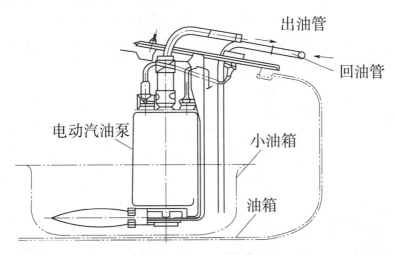

图10-4 电动汽油泵

电动汽油泵常见的安装位置有两种,即油箱外置型和油箱内置型。油箱外置型电动燃油泵安装在油箱外,串连在输油管上;油箱内置型电动燃油泵安装在燃油箱内,浸泡在燃油里,内置型电动燃油泵不易产生气阻和漏油现象,对泵的自吸性能要求低。在电控燃油喷射系统中最常用的是内置型电动燃油泵。

目前,应用较多的电动汽油泵有滚柱式和涡轮式,其原理基本上是相同的,都是由直流电动机、油泵、限压阀、止回阀和外壳等组成,如图10-5所示,油泵安装于直流电动机的一端,由直流电动机的电枢轴带动旋转,直流电动机则由ECU控制。

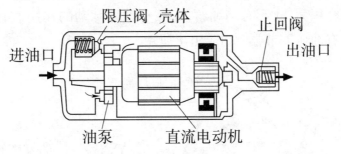

图10-5 电动燃油泵结构图

当点火开关打开时,直流电动机的电路接通,电枢受到电磁力的作用而转动,带动油泵一起转动,将汽油从汽油箱中吸出经进油口进入汽油泵,当汽油泵内油压超过止回阀的弹簧压力时,汽油经出油口泵入燃油分配管,再分配到各个喷油器。当油泵内的油压超过规定值时(科鲁兹轿车为380kPa),油压将克服限压阀弹簧的弹力,使限压阀打开,部分汽油经限压阀返回到进油口一侧,使泵内压力不致过高而损坏油泵。

(3)燃油滤清器。燃油滤清器一般安装在燃油箱和燃油分配管之间。它的作用是过滤燃油中的杂质,防止堵塞喷油器等部件,减少运动部件的磨损。汽油滤清器采用过滤形式,壳体内有一个纸质滤芯,如图10-6所示。汽油滤清器应根据车辆的行驶里程、使用燃油的质量等情况及时更换。

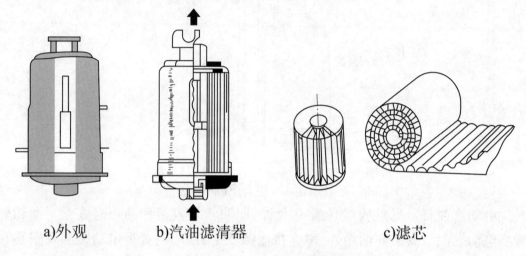

a)外观　　　b)汽油滤清器　　　c)滤芯

图10-6　汽油滤清器

汽油滤清器为一次性使用零件,一般每行驶30000～40000km,或每两个二级维护作业周期更换一次汽油滤清器。若使用的燃油含杂质较多时,应缩短更换周期。

(4)燃油分配管。燃油分配管的作用是将燃油均匀、等压地输送给各压喷油器。由于它的容积大,故还有储油蓄压、减小油压脉动的作用。有些轿车燃油分配管上还安装有油压调节器,如图10-7所示。

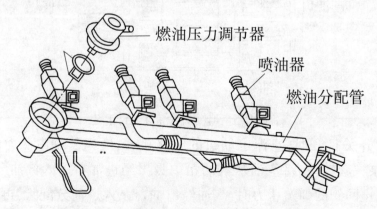

图10-7　燃油分配管及燃油压力调节器

（5）燃油压力调节器。燃油压力调节器的安装位置有两种：一种是安装在燃油泵上（图10-2），这种燃油压力调节器工作时，无论进气压力如何变化，它将燃油压力调在一个恒定值（一般为250～350kPa），人们称它为绝对压力调节器；另一种是装在燃油分配管上（图10-7），这种燃油压力调节器是根据进气歧管内的压力的变化来调节燃油压力，人们称它为相对油压调节器。

发动机工作时，由于电动燃油泵泵送的油量远大于喷射所需的油量，故在油压作用下，油压调节器的阀门打开，部分燃油流回油箱，燃油分配管内保持一定的油压。

发动机停止工作时，燃油分配管内压力下降，油压调节器的回油阀在弹簧作用下逐渐关闭，使燃油泵止回阀与燃油压力调节器回油阀之间的油路内保持一定的压力。

（6）喷油器。喷油器是电控燃油喷射系统中一个重要的执行元件，其作用是在ECU的控制下，将汽油呈雾状定时定量喷入进气歧管内或汽缸内。

电控燃油喷射系统采用电磁式喷油器，按总体结构不同可分为轴针式、球阀式和片阀式，目前常用的是轴针式喷油器；按照喷油器电磁线圈的电阻值不同分为高阻（13～18Ω）喷油器和低阻（2～3Ω）喷油器，国内电控燃油喷射系统采用高阻喷油器；按喷油器的控制方式不同分为电压驱动式和电流驱动式。

❸ 电动燃油泵的控制电路

（1）电动燃油泵的控制功能。

①预运转功能。当点火开关打开而不起动发动机时，油泵能预先运转3～5s，向油管中预充压力燃油，保证顺利起动。

②起动运转功能。在发动机起动过程中，油泵能同时运转，保证起动供油。

③恒速运转功能。在发动机正常运转过程中，油泵能始终恒速运转，保证正常的泵油压力和泵油量。

④变速运转功能。根据发动机工况的变化控制油泵高、低速运转变换。发动机高速、大负荷工况下耗油较多时，燃油泵以高速运转；发动机在低速、中小负荷工况工作时，使燃油泵以低速运转，以减少不必要的燃油泵磨损和电能消耗。

⑤自动停转保护功能。发动机熄火后，即使点火开关仍处于接通状态，油泵也能自动停转。这一功能可防止汽车因碰撞等事故造成油管破裂时的燃油大量外溢，而避免因点火开关处于接通位置引起火灾。

油泵控制电路的上述功能不一定全反映在某一车型上，各车型控制电路所能实现的控制功能不尽相同，有的控制功能较少，有的控制功能较多，下面主要介绍由 ECU 控制的燃油泵控制电路,如图 10-8 所示。

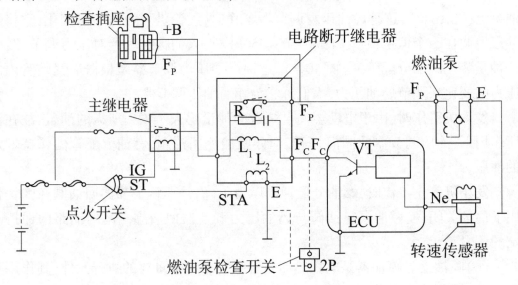

图 10-8　燃油泵控制电路

(2)燃油泵控制电路原理。

①起动发动机时,点火开关处于起动挡,点火开关 ST 端子通电,电路断开继电器 L_2 线圈通电,使电路断开继电器触点闭合,电源向燃油泵供电,燃油泵工作,处于起动供油状态。

②发动机起动后进入正常运转时,转速传感器将发动机转速 Ne 信号输入 ECU,ECU 控制晶体管 VT 导通,L_1 线圈通电,电路断开继电器触点继续保持闭合状态,燃油泵继续工作。

③发动机停止运转时,ECU 接收不到转速传感器发出的 Ne 信号而使晶体管 VT 截止,线圈 L_1 断电,电路断开继电器触点打开,燃油泵供电线路中断,燃油泵停止工作。这种控制方式还具有预运转功能,即点火开关由 OFF 挡转至 ON 挡,但不起动发动机时,ECU 会控制燃油泵运转 3~5s,使油路中的油压提高,从而方便起动。对这种形式的控制电路,用连接线将检查插座中的 +B 和 FP 插孔连接起来,可使燃汽油泵运转。用此方法可判断燃油泵及其控制电路的故障。

(3)具有转速控制的燃油泵控制电路。发动机在低速或中小负荷下工作时,供油量相对较小,此时需要燃油泵低速运转,以减少磨损、噪声和不必要的电能消耗。发动机在高速或大负荷下工作时,供油量较大,此时需要燃油泵高速运转,以增加泵油量。为此,某些车型的燃油泵控制电路采用了低速和高速两级控制。

要改变燃油泵的运转速度,只要改变加在燃油泵上的电压即可。目前,常见的燃油泵转速控制方式有电阻器控制式和专用 ECU 控制式两种。

二 任务实施

1 准备工作

(1)准备一辆实训车辆,并将车辆停放在安全的检测区域。

(2)准备燃油泵继电器(五针脚、四针脚各一只),如图 10-9 所示。

(3)准备万用表、跨接导线等检查时所需要的必须仪器工具,如图 10-10 所示。

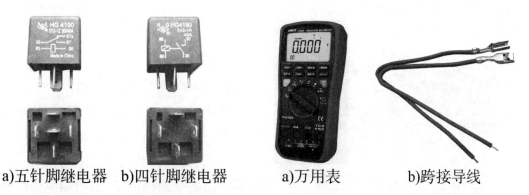

a)五针脚继电器　　b)四针脚继电器　　　　a)万用表　　　　b)跨接导线

图 10-9　五针脚、四针脚燃油泵继电器　　图 10-10　万用表、跨接导线

(4)确认驻车制动器操纵杆已拉紧、变速器变速杆置于 P 挡或 N 挡。

(5)打开发动机舱盖,安装好翼子板布、前格栅布及防护三件套等车辆防护用品。

2 技术要求与注意事项

拔出元器件的连接器之前,请先关掉点火开关,断开蓄电池负极。

3 操作步骤

1)电动汽油泵的检测步骤

(1)拆开电动汽油泵继电器,用带 20A 熔断丝的跨接导线连接 30 与 87 脚的针孔,直接给汽油泵通电,如图 10-11 所示。

(2)将点火开关转至 ON 位置,如图 10-12 所示,但不要起动发动机。

(3)旋开加油口盖,如图 10-13 所示。应能听到汽油泵工作的声音,或用手捏进油软管应感觉有压力。若听不到汽油泵工作声音或进油管无压力,应检修或更换汽油泵。

图 10-11　用跨接导线直接给汽油泵通电

图 10-12　将点火开关转至 ON 位置

图 10-13　打开加油口盖

（4）若有汽油泵不工作故障，但按上述方法检查正常，应检查汽油泵电路导线、继电器、熔断丝有无断路。

2）电动汽油泵继电器的检测

（1）四针脚电动汽油泵继电器的检查方法。四脚电动汽油泵继电器中有两脚是接继电器的电磁线圈，另外两脚接继电器动合触点。

①用万用表欧姆挡测量，继电器电磁线圈两脚之间应导通，动合触点两脚之间应不通。

②在电磁线圈两接脚上施加 12V 电压，同时用万用表欧姆挡测量动合触点两脚之间应导通，如图 10-14 所示。若测量结果不符合要求，应更换电动汽油泵继电器。

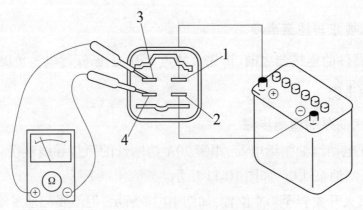

图 10-14　四针脚继电器的测量

1、2-电磁线圈插脚；3、4-动合触点插脚

（2）五脚电动汽油泵继电器的检测方法。五脚电动汽油泵继电器内有两组

电磁线圈,其中一组由起动开关控制,另一组由 ECU 控制,如图 10-15a)所示。

①用万用表欧姆挡测量这两组线圈,均应导通;测量动合触点两端(+B 和 FP),应不导通,如图 10-15b)所示。

②分别在两组线圈两端施加 12V 电压,同时测量动合触点两端,应导通,如图 10-15c)、d)所示。

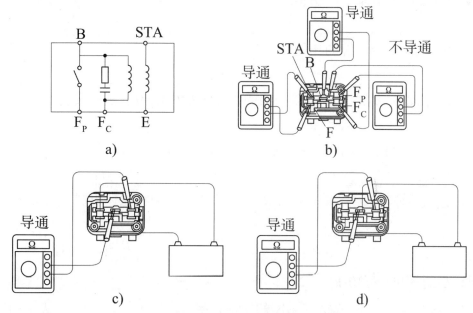

图 10-15　五针脚继电器的检测

三　学习拓展(燃油泵及控制电路的检查确认)

以 ECU 控制的燃油泵电路为例,控制电路如图 10-8 所示。检查这种控制系统,首先应判别是 ECU 内部故障还是 ECU 外部的控制电路故障。其操作步骤如下。

(1)打开加油口盖,将点火开关置于 ON 位置,但不起动发动机,在加油口处倾听有无电动汽油泵运转的声音。如打开点火开关后,能听到油泵运转 3~5s 后又停止,说明控制系统各部分工作正常。

注意:拆卸燃油泵之前应释放燃油系统压力,并关闭用电设备。

(2)拆下燃油泵线束端子,用蓄电池直接给燃油泵通电,应能听到燃油泵电动机高速旋转的声音(注意:通电时间不能过长,每次接通不超过 10s)。若燃油泵不转动,则应更换燃油泵。

(3)测量燃油泵两端子之间电阻,应为 2~3Ω。如电阻值不符,应更换燃油泵。

四 评价与反馈

❶ 自我评价

(1)通过本学习任务的学习,你是否已经知道以下问题:

发动机燃油供给系统的基本组成是:
_____。

发动机燃油供给系统的作用是:
_____。

(2)对燃油泵、燃油泵继电器检测的操作过程中用到了哪些设备?
_____。

(3)对燃油泵控制电路检测的基本操作实训过程完成情况如何?
_____。

(4)通过本学习任务的学习,你认为自己的知识和技能还有哪些欠缺?
_____。

签名:_____　　_____年____月____日

❷ 小组评价(表10-1)

小组评价表　　　　　　　表10-1

序号	评价项目	评价情况
1	着装是否符合要求	
2	是否能合理规范地使用仪器和设备	
3	是否按照安全和规范的流程操作	
4	是否遵守学习、实训场地的规章制度	
5	是否能保持学习、实训场地整洁	
6	团结协作情况	

参与评价的同学签名:_____　　_____年____月____日

❸ 教师评价

_____。

教师签名:_____　　_____年____月____日

项目五　检修燃油供给系统

五　技能考核标准

燃油泵控制电路的检查、分析与诊断的技能考核标准见表10-2。

技能考核标准　　　　　　　　　　　　表10-2

序号	操作内容	规定分	评分标准	得分
1	外观检查	5分	查看外观是否有损坏、查看插脚是否弯曲、生锈,少一个扣1分	
2	检查过程	26分	插脚检测连接不正确扣8分；继电器与电源连接不正确扣8分；万用表使用不正确扣10分	
3	检查结果	44分	插脚间电阻检测不正确扣10分；根据插脚电阻导通判断不正确扣20分；继电器工作情况判断不正确扣14分	
4	操作记录	10分	测量结果记录不准确扣8分	
5	5S	15分	不整理扣5分；不清洁扣5分；操作掉东西扣5分	
6	安全生产	—	造成人身轻伤或财物部分损坏扣50分；造成重大伤害或财物损毁停止操作,技能考核不给分	
总　分		100分		

学习任务 11　检修喷油器及其电路

学习目标

☞ 知识目标
1. 掌握喷油器控制电路原理；
2. 能根据喷油器波形分析故障。

☞ 技能目标
能按照步骤规范检测喷油器波形。

☞ 素养目标
1. 牢固树立爱惜示波器等现代精密设备的细心意识；
2. 自主探究示波器的原理，感受科技发展的力量，努力为科技强国而奋斗。

建议课时

6课时。

一辆轿车怠速不稳。经技师检测后初步判断是喷油或雾化的问题，需要做进一步检测，以找出喷油器具体的故障原因。

一　理论知识准备

1　喷油器的控制电路

各型汽车喷油器的控制电路大同小异，其基本控制电路如图11-1所示。各种传感器信号输入ECU后，ECU根据数学计算和逻辑判断结果，发出脉冲信号指令控制喷油器喷油。当脉冲信号的高电平加到驱动晶体管VT的基极时，VT导通，喷油器的电磁线圈电流接通，产生电磁吸力将针阀吸开，喷油器开始喷油；当脉冲信号的低电平加到驱动晶体管VT的基极时，VT截止，喷油器的电磁线圈电流切断，在复位弹簧弹力作用下针阀关闭，喷油器停止喷油。

由此可见，ECU是通过控制喷油器的搭铁回路来实现对喷油器的控制。

项目五 检修燃油供给系统

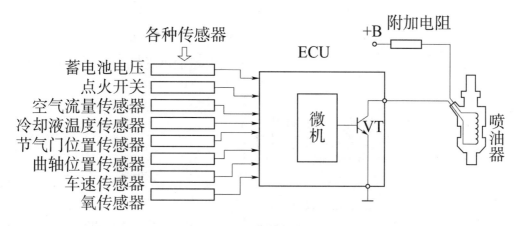

图 11-1 喷油器控制电路

2 喷油器波形

燃油喷射的时间可以表示为毫秒(ms)级的脉冲宽度,代表着喷入汽缸的燃油多少。宽的脉冲表示在相同喷射压力下喷射的燃油较多。喷油驱动器的波形(确定开启时间、参考峰值高度、判定喷油驱动器好坏等)的技巧对行驶能力和排放的修理是非常有价值的诊断技能。

喷油驱动器由控制电脑(ECU)里的一个晶体管开关及相应电路组成,它开闭喷油器,不同类型的喷油驱动器产生不同的波形,目前主要有四种类型喷油驱动器。

1)饱和开关型(PFI/SFI)

饱和开关型喷油器的晶体管提供固定电流给喷油嘴。某些喷油嘴使用电阻用以限制电流的大小,其他喷油嘴是有较高的内部阻抗,这些喷射的脉冲只有一个。

饱和开关型喷油驱动器主要在多点燃油喷射系统中使用,这种类型的喷油器驱动器用于组成顺序喷射的系统中,在节气门体燃油喷射(TBI)系统上应用不多。

从饱和开关型喷油驱动器的波形上读取喷油时间是相当容易的。当发动机控制电脑(ECU)搭铁电路接通后,喷油驱动器开始喷油;当控制电脑断开控制电路时,电磁场会发生突变,这个线圈突变的电磁场产生了高电压峰值,汽车示波器可以用数字的方式在显示屏上与波形一起显示出喷油时间。饱和开关型波形如图 11-2 所示。

2)峰值保持型(TBI)

峰值保持型喷油器驱动器应用在节气门体(TBI)喷射系统中,但也有少数几种多点喷射（MFI）系统。

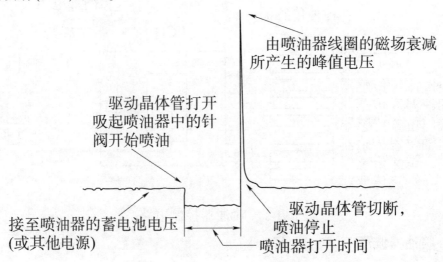

图 11-2　饱和开关型波形

通常,一个电磁阀线圈拉动机械元件做初始运动需要的电流是保持该元件在固定位置时的 4 倍以上,峰值保持驱动器的得名便是因为控制电脑用 4A 电流打开喷油器针阀,而后只用 1A 电流使它保持开启的状态。

(1) 波形图及分析说明。峰值保持型喷油器驱动器波形图及分析如图 11-3 所示。从左至右,波形轨迹从蓄电池电压开始,这表示喷油驱动关闭,当控制电脑打开喷油驱动器时,它对整个电路提供搭铁。控制电脑继续将电路搭铁(保持波形踪迹在 0V)直至检测到流过喷油驱动器的电流达到 4A 时,控制电脑将电流切换到 1A（靠 ECU 内部限流电阻开关控制）,这个电流减少引起喷油驱动器中的磁场突变,产生类似点火线圈的电压峰值,剩下的喷油驱动器喷射时间由控制电脑继续保持工作,然后它通过完全断开搭铁电路,而关闭喷油驱动器,这就产生了第二个峰值。

当控制电脑搭铁电路打开时喷油器开始喷射,当控制电脑搭铁电路完全断开时(断开的峰值最高在右侧) 结束喷射,这时读取喷油器的喷射时间,可以计算控制电脑从打开到关闭波形的格数来确定喷射时间。汽车示波器可以将喷油器喷射时间同时用数字显示在显示屏上。

峰值保持型(TBI)喷油器驱动波形测试方法与饱和开关型(PFI/SFI)喷油器驱动相同。

(2) 波形测试过程分析。用人为加入丙烷的方法使混合气更浓或者造成真空泄漏使它变稀,同时观察相应的喷油时间的变化。波形的峰值部分通常不改变它的喷射时间,这是因为流入喷油器的电流和打开针阀的时间是保持不变的,波形的保持部分是控制电脑增加或减少开启时间的部分峰值保持喷油驱动器可能引起下列波形结果。

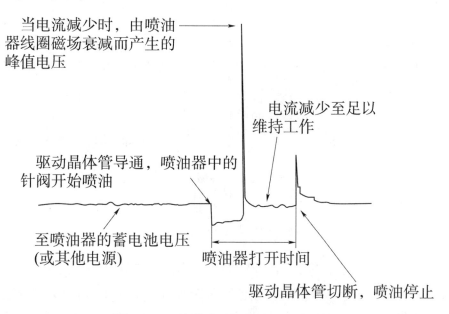

图 11-3　峰值保持型(TBI)波形

①加速时,将看到第二个峰尖向右移动,第一个保持不动。

②如果发动机在极浓的混合气下运转,能看到两个峰尖顶部靠得很近,这表明计算机试图靠尽可能缩短喷油器喷射时间来使混合气变得更稀。

③在波形的峰值之间出现许多特殊的振幅式杂波,可能表示控制电脑中的喷油驱动器有故障。

3) 脉冲宽度调制型

这类喷油器用在少数欧洲车型的多点燃油喷射系统和早期亚洲汽车的多点燃油喷射系统中。

脉冲宽度调制型喷油器有较高的起动电流以快速地打开喷油嘴,当喷油嘴开启后,搭铁端开始脉冲式地接通,从而切断电流以延长喷油嘴开启时间,同时限制流经喷油嘴的电流。

脉冲宽度调制型喷油驱动器(安装在控制电脑内)被设计成允许喷油器线圈流过约 4A 的电流,然后再减少至约 1A 的电流,并以高频脉动方式开关电路。

(1) 脉冲宽度调制型喷油器波形如图 11-4 所示。从左至右,波形开始在蓄电池电压高度,这表示喷油器关闭,当控制电脑打开喷油驱动器时,它提供了一个搭铁使电路构成回路。

(2) 控制电脑继续搭铁(保持在 0V)直到探测到流过喷油器的电流大约为

4A,控制电脑靠高速脉冲电路减少电流。

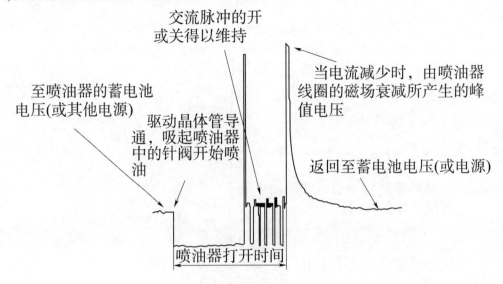

图11-4　脉冲宽度调制型波型

(3) 在某些车型上,磁场收缩的这个部分通常会有一个峰值(左侧峰值)。控制电脑继续保持开启操作,以便使剩余喷油时间可以继续得到延续,然后,它停止脉冲并完全断开搭铁电路使喷油器关闭,这就产生了波形右侧的峰值。

(4) 控制电脑搭铁打开时,喷油时间开始,控制电脑完全断开控制搭铁电路时喷油时间结束。

4) PNP 型

PNP 型喷油驱动器是由在控制电脑中操作它们的开关晶体管的形式而得名的,一个 PNP 型喷油驱动器的晶体管有两个正极管脚和一个负极管脚。

PNP 型驱动器与其他系统驱动器的区别在于其喷油器的脉冲电源端接在负极上,即 PNP 型喷油驱动器的脉冲电源连接到一个已经搭铁的喷油器上。

(1) PNP 型喷油驱动器波形如图 11-5 所示。它的脉冲搭铁再接到一个有电压供给的喷油器上,流过 PNP 型喷油器的电流与其他喷油器上的方向相反,这就是为什么 PNP 型喷油器释放峰值方向相反的原因。

(2) PNP 型喷油驱动器常见于一些多点燃油喷射系统中,通常 PNP 型喷油驱动器除了它们出现的波形方向相反以外,PNP 型喷油驱动器与饱和开关型喷油驱动器十分相像。

(3) 喷油时间开始于控制电脑电源开关将电源电路打开时,看波形图左侧说明框,喷油时间结束于控制电脑完全断开控制电路(释放峰值在右侧)。

(4) 可以从这个图形上观察出燃油反馈控制系统是否工作,用丙烷去加浓混合气或用造成真空的方法使混合气变稀,然后观察相应的喷油时间变化情况。

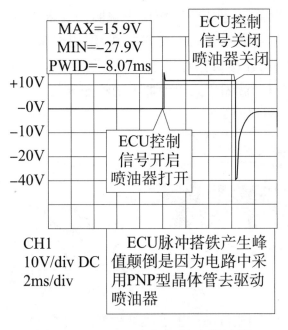

图 11-5　PNP 型喷油驱动器波形

二　任务实施

汽车喷油器检测

1　准备工作

(1)准备一辆实训车辆,喷油器驱动类型为饱和开关型(PFI/SFI)。

(2)准备 KT660 或专用示波器。

(3)准备清洁布,准备翼子板布、前格栅布等车辆防护用品。

2　技术要求与注意事项

(1)连接设备后起动发动机,从怠速开始测试,慢慢地提升发动机转速,同时,观察喷油器控制信号波形。

(2)改变歧管绝对压力传感器或氧传感器的输出信号以增加发动机的负荷。

(3)断开氧传感器的接线,这会造成送往控制单元的电压信号减小,控制单元会增加喷射脉冲宽度,但这种方法可能会造成故障码的出现。

(4)将氧传感器的信号端接到蓄电池的正极(+),则会增加送往电子控制单元的电压信号,电子控制单元会做出减少喷射脉冲宽度的反应。

3　操作步骤

下面对饱和开关型(PFI/SFI)喷油器的波形进行测试。

(1) 连接设备。

按照波形测试设备(示波器)操作使用说明书要求连接好波形测试设备,将测试探头上的小鳄鱼夹接蓄电池负极或搭铁,用测试探头连接跨接好的喷油器信号线,多点燃油喷射连接方法如图11-6所示,单点燃油喷射系统连接方法如图11-7所示,并操纵示波器进入喷油器波形检测界面。

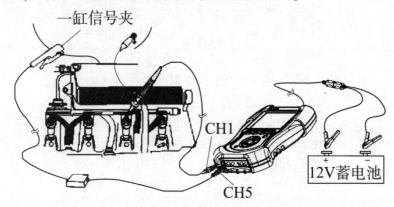

图 11-6　多点燃油喷射连接方法

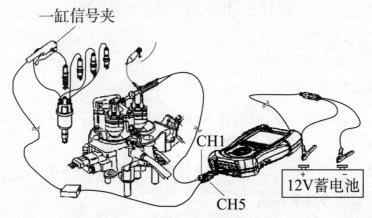

图 11-7　单点燃油喷射连接方法

(2) 测试条件。

①起动发动机,以 2500r/min 转速保持节气门 2～3min,直至发动机完全热机,同时,燃油反馈系统进入闭环控制状态,可通过观察示波器上氧传感器的信号确定这一点。

②关掉空调和所有附属电气设备,让变速杆置于 P 挡或 N 挡,缓慢加速并观察在加速时喷油驱动器喷油时间的相应增加状况。

③按照测试条件,屏幕将会显示波形。

根据测试情况,可以通过选择周期、幅值、电平等参数改变波形,也可以选择停止。冻结波形后,选择存储,保存波形,波形如图11-8所示。

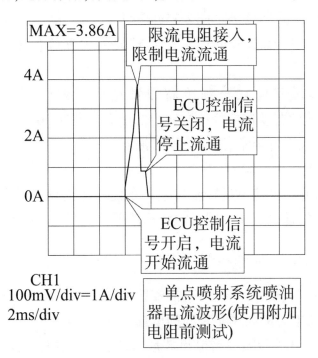

图11-8 喷油器电流波形

(3)波形分析。

①从进气管中加入丙烷,使混合气变浓,如果系统工作正常,喷油驱动器喷油时间将缩短,它试图对浓的混合气进行修正(高的传感器电压)。

②人为造成真空泄漏,使混合气变稀,如果系统工作正常,喷油驱动器喷油时间将延长,它试图对稀的混合气进行补偿(低的氧感器电压)。

③提高发动机转速至2500r/min,并保持稳定,在许多燃油喷射系统中,当该系统控制混合气时,喷油驱动器的喷油时间性能被调节(改变)得从稍长至稍短。

④通常喷油驱动器喷油时间在正常全浓(高氧传感器电压)至全稀(低的氧传感器电压)范围内仅在0.25~0.5ms的范围内变化。

⑤如果加入丙烷或造成真空泄漏,然后观察喷油驱动器喷油时间的变化,发现喷油时间不变化,则氧传感器可能是坏的。

⑥如果氧传感器或控制电脑不能察觉混合气的变化,那么喷油驱动器的喷射时间就不能改变,在检查喷油驱动器喷射时间之前,应该先确认氧传感器是否正常。

⑦当燃油反馈控制正常时,喷油驱动器喷射时间会随着驾驶条件和氧传感

器输出的信号而变化(增加或减少),通常喷油驱动器的喷射时间在怠速时1~6ms到冷起动或节气门全开时的6~35ms变化。

⑧匝数较少的喷油器线圈通常产生较短的关断峰值电压,或其至不出现尖峰。

⑨关断尖峰随不同汽车制造商和发动机系列而不同,正常的范围是30~100V,有些喷油驱动器的峰值被钳位二极管限制在30~60V。

⑩如果所测波形有异常,则应更换喷油器。

(4)特殊情况下的试验。

起动发动机并在怠速下运转或驾驶汽车使故障出现,如果发动机不能起动,就用起动机带动发动机运转的同时观察示波器上的显示,如图11-8所示。

三 学习拓展(波形结果的分析)

当电流开始流入喷油器时,由喷油器线圈的特定电阻和电感特性,引起波形以一定斜率上升,上升的斜率是判断的依据。

(1)通常饱和开关型喷油器电流波形大约在45°角上升,峰值保持型喷油器波形大约在60°角上升。

(2)在电流最初流入线圈时,峰值保持型喷油器波形比较陡,这是因为与大多数饱和开关型喷油器相比,电流增大了。

(3)峰值保持型喷油器通常电流大约在4A,而饱和开关型喷油器电流通常小于2A。

(4)如果电流开始流入线圈时,电流波形在左侧几乎垂直上升,这就说明喷油器的电阻太小(它短路了),这会产生行驶性能故障,并损坏控制电脑的喷油驱动器。

(5)也可以通过分析电流波形来检查峰值保持型喷油器的限流电路,在限流喷油器波形中,波形踪迹起始于大约60°角(2ms/格时基)并继续上升到喷油驱动器达到峰值(通常大约为4A),在这一点上,波形成了一个尖峰(在峰值保持型里的尖峰),然后几乎是垂重下降至大约略少于1A。

(6)这里喷油驱动器的"保持"部分,是指正在工作着并且保持电流约为1A直到控制电脑关闭喷油器,当电流从线圈中消失时,电流波形慢慢回零线。

(7)基于电流到达峰值时间,电流波形的峰值部分通常是不变的,这是因为一个好的喷油器充满电流和打开针阀的时间保持不变(随温度有轻微变化),控制电脑操纵喷油器打开时间就是波形的波形保持部分。

四 评价与反馈

❶ 自我评价

(1)通过本学习任务的学习,你是否已经知道以下问题:
发动机喷油器的控制电路原理:
_____。

(2)对喷油器波形检测的操作过程中用到了哪些设备或工具?
_____。

(3)对喷油器波形检测的基本操作实训过程完成的情况如何?
_____。

(4)通过本学习任务的学习,你认为自己的知识和技能还有哪些欠缺?
_____。

签名:_____　　　____年___月___日

❷ 小组评价(表11-1)

小组评价表　　　　表11-1

序号	评价项目	评价情况
1	着装是否符合要求	
2	是否能合理规范地使用仪器和设备	
3	是否按照安全和规范的流程操作	
4	是否遵守学习、实训场地的规章制度	
5	是否能保持学习、实训场地整洁	
6	团结协作情况	

参与评价的同学签名:_____　　　____年___月___日

❸ 教师评价

_____
_____。

教师签名:_____　　　____年___月___日

五 技能考核标准

检测喷油器及其线路的技能考核标准见表11-2。

技能考核标准　　　　　表 11-2

序号	操作内容	规定分	评分标准	得分
1	设备连接	25 分	信号线连接选择不正确扣 4 分；信号线连接通道选择不正确扣 5 分；测试探头连接端口选择不正确扣 8 分；电源连接不正确扣 8 分	
2	检测线路	20 分	设备操作不正确扣 7 分；不按照测试条件测试操作扣 8 分；结果判断不正确一项扣 1 分,共 5 分	
3	检测喷油器	20 分	设备操作不正确扣 7 分；不按照测试条件测试操作扣 8 分；不能测试出所需要波形扣 5 分	
4	波形分析	12 分	分析波形不准确扣 10 分	
5	操作记录	8 分	测量结果记录不准确扣 8 分	
6	5S	15 分	不整理扣 5 分；不清洁扣 5 分；操作掉东西扣 5 分	
7	安全生产	—	造成人身轻伤或财物部分损坏扣 50 分；造成重大伤害或财物损毁停止操作,技能考核不给分	
	总　　分	100 分		

项目六　检修电控点火系统

学习任务12　就车检修电控点火系统

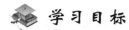 **学习目标**

☞ **知识目标**

能简述电控点火系统的基本组成及工作原理。

☞ **技能目标**

能够利用自诊断系统对电控点火系统故障进行排查。

☞ **素养目标**

1. 自主查阅资料，区分传统点火系统与现代点火系统，强化自主学习和溯源学习的习惯；
2. 感受科技进步推动与壮大我国汽车技术产业的发展。

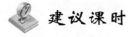 **建议课时**

10课时。

王明近期发现自己的轿车在上坡或满载乘客时动力不足。维修技师利用自诊断系统和示波器检测IGT、IGF信号的波形，对电控点火系统进行就车排查检修。

一 理论知识准备

(一)电控点火系统的基本组成及分类

1 电控点火系统的基本组成

电控点火系统一般由 4 部分组成:电源和点火开关、传感器、电控单元(ECU)和执行器,如图 12-1 所示。

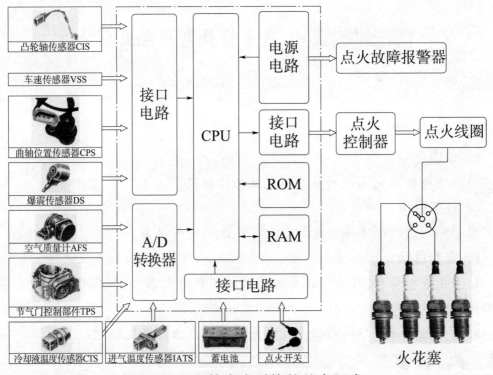

图 12-1 电控点火系统的基本组成

1)电源和点火开关

电源为蓄电池或发电机,其功用是给点火系统提供所需的电能,点火开关则用来接通或断开电源电路。

2)传感器

电控点火系统中的传感器用于检测发动机各种运行参数的变化,为 ECU 提供点火提前角的依据。主要传感器有凸轮轴位置传感器、曲轴位置传感器、爆震传感器等。

3)电控单元(ECU)

电控单元(ECU)是电控点火系统的核心。在发动机工作时,ECU 不断地接收各传感器输送来的信号,并按内存的程序对接收到的信号进行运算、存储和分析处理,然后向执行器发出控制指令,以完成对点火提前角、通电时间及爆震的控制,实现对点火系统的精准控制。

4) 执行器

点火系统的执行器主要是指点火控制模块、点火线圈、分电器和火花塞,是根据电控单元(ECU)或其他控制元件的指令(信号),执行各自的功能。

(1) 点火控制器。点火控制器是电控点火系统的执行元件,其功用是对 ECU 输送来的控制指令进行功率放大,以便驱动点火线圈工作,有分立式和组合式两种。

(2) 点火线圈。在电控点火系统中,有些只有一个点火线圈(有分电器电控点火系统),有些则有多个点火线圈(无分电器电控点火系统)。在所有类型的电感储能式点火系统中,点火线圈的功用是相同的:在不需要点火时,以磁场能的形式储存点火所需的能量;在需要点火时,释放点火能量,并将电源提供的 12~14V 的低压电转变为足以击穿火花塞电极间隙的高压电,高达 3 万 V。

(3) 分电器。分电器根据发动机的点火顺序,将点火线圈产生的高压电依次分配给各汽缸火花塞。

(4) 火花塞。火花塞是利用点火线圈产生的高压电产生电火花,点燃汽缸内处于压缩行程的混合气。

❷ 电控点火系统的分类

1) 非直接点火系统(有分电器点火系统)

该系统仍然保留分电器,点火线圈产生的高压电经过分电器中的配电器进行分配的,即由分火头和分电器盖组成的配电器,依照点火顺序适时地将高压电分配至各汽缸,使各缸火花塞依次点火,如图 12-2 所示。

2) 直接点火系统(无分电器点火系统)

直接点火系统取消了分电器,该系统中点火线圈上的高压线直接与火花塞相连,工作时,点火线圈产生的高压电直接送至各缸火花塞,由微机根据各传感器输入的信息,依照发动机的点火顺序,适时控制各缸火花塞点火。无分电器点火系统由于废除了分电器,因此,不存在分火头和旁电极间跳火的问题,减小了能量损失,也不存在分火头与旁电极之间产生火花问题,电磁干扰小,节省了安装空间。现代轿车基本上采用无分电器点火系统。

直接点火系统可分为以下两类。

(1) 同时点火方式:两个汽缸合用一个点火线圈,对两个汽缸同时点火,如图 12-3 所示。

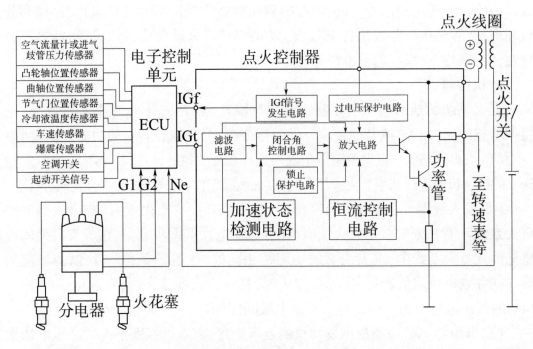

图 12-2 非直接点火系统

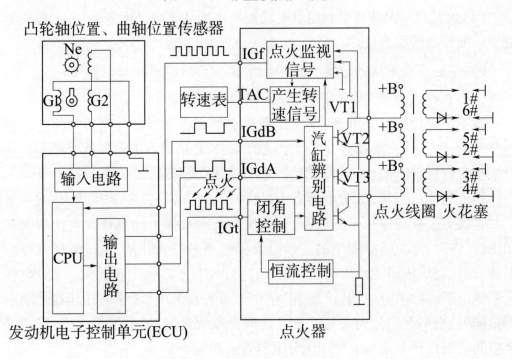

图 12-3 同时点火方式

（2）单独点火方式：每个汽缸的火花塞配一个点火线圈，单独对本缸点火，如图 12-4 所示。

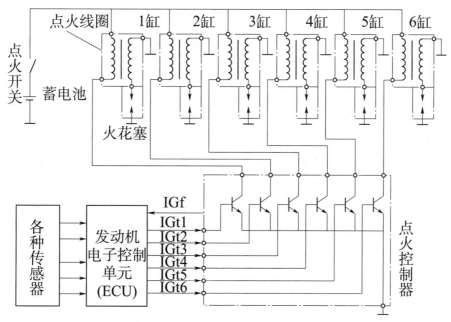

图 12-4 单独点火方式

(二)电控点火系统的工作原理

发动机工作时,ECU 不断采集发动机的转速、负荷、冷却液温度、进气温度等信号,并根据存储器中存放的与点火提前角和初级电路导通时间有关的程度和数据,确定出该工况下的最佳点火提前角和点火线圈一次绕组通电时间,并根据冷却液温度和进气温度加以修正,再以曲轴位置传感器的点火基准信号为依据,向点火器发出一个 IGT 控制信号。点火器则根据 ECU 的控制指令,控制点火线圈一次绕组回路的接通和切断。当点火线圈一次绕组回路被接通时,点火线圈将点火能量以磁场能的形式储存起来。当一次绕组回路被切断时,在点火线圈二次绕组中就会产生很高的互感电动势(15~30kV),经分电器或直接送至工作汽缸的火花塞。点火能量经火花塞电极瞬间释放,产生的电火花点燃汽缸内的混合气,使发动机完成做功行程。同时,点火器根据点火线圈产生的反电动势,向 ECU 发出一个 IGF 反馈信号,ECU 接收到该信号后,以便确定点火已成功。(不是所有车型都有点火确认信号)

电控点火系统的工作原理,如图 12-5 所示。

二 任务实施

1 准备工作

(1)准备一辆实训车辆,并将车辆停放在安全的检测区域。

（2）准备故障诊断仪、汽车专用万用表。

（3）准备手电筒、手套等外观目视检查时所需要的必须工具。

（4）确认驻车制动器操纵杆已拉紧、变速杆置于 P 挡或 N 挡，确认车辆安全停放。

（5）打开发动机舱盖，安装好车辆挡块、翼子板布、前格栅布等车辆防护用品。

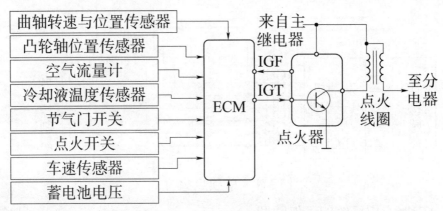

图 12-5　电控点火系统控制原理图

❷ **技术要求与注意事项**

（1）不同的车型，其零部件型号和安装位置不尽相同，需视具体车型或发动机系统调整部件检查的方法、步骤。

（2）在必须拔出元器件的连接器之前，请先关掉点火开关。

❸ **操作步骤**

本学习任务以丰田卡罗拉轿车为例介绍电控点火系统故障诊断的过程。丰田卡罗拉 1ZR-FE 发动机使用直接点火系统（DIS），DIS 是单缸点火系统，其中每个汽缸由一个点火线圈点火，火花塞连接在每个二次绕组的末端。二次绕组中产生的高压电直接作用到各个火花塞上。火花塞产生的火花通过中央电极到达搭铁电极。

ECM 确定点火正时并向每个汽缸发送点火信号（IGT）。ECM 根据 IGT 信号接通或关闭点火器内的功率晶体管的电源，功率晶体管进而接通或断开流向一次绕组的电流。当一次绕组中的电流被切断时，二次绕组中产生高压。此高压被施加到火花塞上并使其在汽缸内部产生火花。一旦 ECM 切断一次绕组电流，点火器会将点火确认（IGF）信号发送回 ECM，用于确认各汽缸是否点火成功，如图 12-6 所示。

项目六 检修电控点火系统

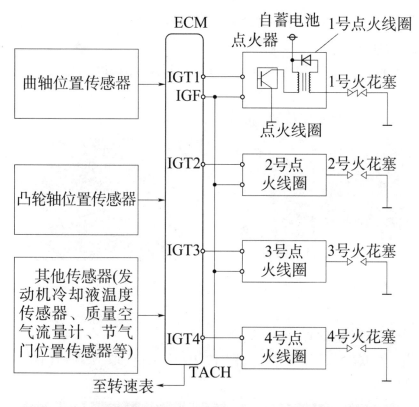

图 12-6 1ZR-FE 发动机点火系统图

点火线圈故障码见表 12-1。

故 障 码 诊 断 表 表 12-1

故障码 DTC	故障码含义	DTC 检测条件	故障部位
P0351	1 缸点火线圈电路	发动机运转时,无 IGF 信号发送至 ECM（单程检测逻辑）	（1）点火系统；（2）点火线圈与 ECM 之间的 IGF1 或 IGT（1~4）电路断路或短路；（3）1 号至 4 号点火线圈；（4）ECM
P0352	2 缸点火线圈电路		
P0353	3 缸点火线圈电路		
P0354	4 缸点火线圈电路		

出现故障码时,ECM 将车辆和驾驶条件信息记录为定格数据,定格数据有助于确定故障出现时车辆是运行还是停止、发动机是暖机还是冷机、空燃比是稀还是浓以及其他数据。下面以使用故障诊断仪 KT660 读取故障码并读取定格数据

为例做相关介绍,也可以使用其他诊断仪进行操作。

(1)检查 DTC 输出。

①将故障诊断仪连接到诊断接口 DTC3(注意:连接时一定要先将点火开关置于 OFF 挡),如图 12-7 所示。

②点火开关打开到 ON 位置,如图 12-8 所示。

图 12-7　连接诊断接口　　　图 12-8　将点火开关打开到 ON 位置

③打开诊断仪,如图 12-9 所示。

④进入"读取故障码"菜单,如图 12-10 所示;读取故障码(DTC)(结果见表 12-1 中的一个或多个)。

图 12-9　打开诊断仪　　　图 12-10　进入"读取故障码"菜单

⑤确定故障范围。

(2)检查点火线圈电路。如果输出 P0351、P0352、P0353 或 P0354 中的一个或多个故障码,需要拔出点火线圈插接器,检查其电路或元件,如图 12-11 所示。

下面介绍线路的检测,方法如下:

①断开点火线圈总成连接器,如图 12-12 所示。

②将点火开关置于 ON 位置。

③按照表 12-2 中的方法和参考值测量电路,如在规定条件下符合标准数值则正常,不符则说明相关线路存在故障。

项目六　检修电控点火系统

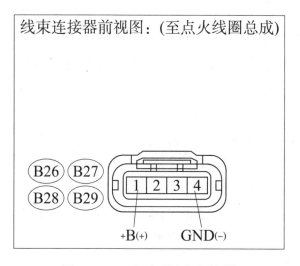

图 12-11　点火线圈连接器

图 12-12　断开点火线圈总成连接器

标　准　电　压　　　　　　　　　　　表 12-2

检测仪连接	开 关 状 态	标准电压(V)
B26-1(+B)—B26-4(GND)	点火开关置于 ON 位置	9~14
B27-1(+B)—B27-4(GND)	点火开关置于 ON 位置	9~14
B28-1(+B)—B28-4(GND)	点火开关置于 ON 位置	9~14
B29-1(+B)—B29-4(GND)	点火开关置于 ON 位置	9~14

④如有异常,则检查线束和连接器,并修复或更换线束、连接器,如全部都正常则重新连接点火线圈总成连接器,完成操作。

(3)检测波形。按照图 12-11,在实训轿车上找到 IGT 和 IGF 信号线,将示波器连接线采用五通道连接到示波器上并确定连接正确,通过示波器检测出点火控制信号(IGT 信号)和反馈信号(IGF 信号)的波形如图 12-13 所示。

点火提前角的大小取决于 ECU 所发出的点火控制信号(IGT 信号)的迟早,该信号发出早,点火提前角就大;反之,点火提前角就小。点火控制信号(IGT 信号)为高电平时,初级电路导通;该信号为低电平时,初级电路被切断,点火线圈产生高压电点火。

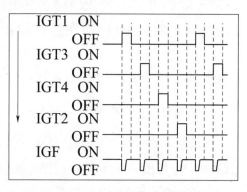

图 12-13　IGT、IGF 的波形图

工作中，点火器还会根据点火线圈初级电路的感应电动势向ECU反馈点火确认信号（IGF信号），以表明点火系统工作正常。如果发动机ECU连续4次接收不到该点火确认信号，就会判定点火系统存在故障，其内部会储存相应的故障码，同时，为了避免燃油冲刷汽缸的润滑油膜，还会指令喷油器停止工作（失效保护功能）。

点火确认信号（IGF信号）的产生方法：ECU向点火器发送一个5V左右的信号参考电压，每点一次火，点火器就将该信号参考电压接搭铁一次，使其电平变0V一次，ECU则根据该0V电平来判定点火状态。

注意：在有些车型上，没有独立设置点火器，而是由ECU直接控制点火线圈的初级电路，相当于ECU与点火器合并为一体，例如部分奥迪汽车。在有些车型上，没有设置点火确认信号，因此，发动机ECU无法判定点火系统的故障，在点火系统发生故障时，ECU不能自动停止喷油，也没有点火方面的故障码，在进行点火系统故障检测时，应先将喷油器插接头断开，以防止多次起动产生"闷缸"现象。例如大众车系的多款汽车。

三 学习拓展（IGT信号与IGF信号的检测分析）

微机控制点火电路的基本工作原理是：电子控制装置（ECU）根据节气门位置传感器（或空气流量传感器或进气歧管压力传感器）、发动机转速传感器和冷却液温度传感器提供的发动机负荷、转速和冷却液温度等信号确定最佳点火提前角，并根据曲轴转角传感器提供的曲轴转角信号输出点火正时（IGT）信号，而点火器则确定和控制初级电路的通电时间。当ECU输出IGT信号，点火线圈一侧电流中断而实现点火时，点火器输出一个点火确认（IGF）信号给ECU；如果ECU未收到IGF信号，ECU则立即停止喷油器的喷油。如果ECU检测到IGT或IGF电路断路或短路，即在连续输出4次IGT信号后ECU未接收到IGF信号，ECU即认为点火器有故障。根据该基本工作原理，可以利用点火信号（IGF和IGT信号）对微机控制点火电路进行故障分析。

1 IGF信号的检测与分析

起动发动机时，用万用表在ECU线束侧连接器上测量IGF端子电压，即IGF信号电压，其值应为0.8~1.2V；如果IGF信号电压不符合标准，可在拆下点火器线束侧连接器后将点火开关置于点火（ON）位置（发动机不运转），然后再测量IGF端子电压。这时，如果IGF端子电压为4~5V（ECU提供的电压），说明点火器、点火线圈或其线路有故障;否则,说明 ECU、分电器或其线路有故障,或 ECU 上无电源电压。

❷ IGT 信号的检测与分析

起动发动机时用万用表在 ECU 线束侧:连接器上测量 IGT 端子电压,即 IGT 信号电压,其值应约为 0.8V。如果测得的 IGT 信号电压接近 0V,应拆下点火器线束侧连接器,再测量发动机起动时 IGT 端子电压;若此时 IGT 信号电压仍接近 0V,说明 ECU 无 IGT 信号输出,即 ECU、分电器或其线路有故障。

四 评价与反馈

❶ 自我评价

(1) 通过本学习任务的学习,你是否已经知道以下问题:

① 使用诊断仪 KT660 读取电控点火系统故障码并读取定格数据时应注意哪些问题?

_____

② 检测点火线圈电路过程中应注意哪些问题?

_____

(2) 电控点火系统的工作原理是什么?

_____

(3) 实训过程完成情况如何?

_____

(4) 通过本学习任务的学习,你认为自己的知识和技能还有哪些欠缺?

_____

签名:_____   _____年___月___日

❷ 小组评价(表 12-3)

小 组 评 价 表　　　　　　　　表 12-3

序号	评 价 项 目	评 价 情 况
1	着装是否符合要求	
2	是否能合理规范地使用仪器和设备	
3	是否按照安全和规范的流程操作	
4	是否遵守学习、实训场地的规章制度	

续上表

序号	评价项目	评价情况
5	是否能保持学习、实训场地整洁	
6	团结协作情况	

参与评价的同学签名：_____ ____年___月___日

3 教师评价

_____
_____。

教师签名：_____ ____年___月___日

五 技能考核标准

就车检修电控点火系统的技能考核标准见表12-4。

技 能 考 核 标 准　　　　　　　表12-4

序号	操作内容	规定分	评分标准	得分
1	安全确认	8分	确认车辆停放平稳2分； 安装车轮挡块2分； 确认驻车制动器操纵杆已拉紧2分； 确认变速杆置于P挡或N挡2分	
2	前期准备	6分	安装尾气收集管2分； 安装车内防护件2分； 安装车外防护件2分	
3	连接诊断仪	8分	开机确认仪器正常2分； 选择正确诊断接口2分； 连接前关闭仪器2分； 关闭点火钥匙到OFF 2分	
4	读取故障码		点火开关打开到ON位置2分； 打开诊断仪KT660 2分；	

续上表

序号	操作内容	规定分	评分标准	得分
4	读取故障码	10分	进入"读取故障码"菜单2分; 读取故障码(DTC)2分; 确定故障部位2分	
5	检查点火线圈电路	12分	断开点火线圈总成连接器2分; 将点火开关置于ON位置2分; 正确测量连接器各端子2分; 对照标准值进行正确分析2分; 确定相关线路存在故障2分; 能够正确排除和处理故障2分	
6	检测波形	8分	能够正确找到IGT和IGF信号线2分; 能够将示波器连接线采用五通道连接到示波器上并确定连接正确2分; 能够检测并能画出点火控制信号(IGT信号)和反馈信号(IGF信号)的波形4分	
7	外观检查	8分	判断线束连接器连接是否良好2分; 正确拔出线束连接器观察,判断端子是否锈蚀松动2分; 正确观察连接到点火线圈的导线2分; 能够分清点火线圈上的各个端子2分	

续上表

序号	操作内容	规定分	评分标准	得分
8	接触检查	6分	用手或相关工具碰触2分； 连接部位状况并判断2分； 线束连接状况并判断2分	
9	拆装连接器操作	6分	先观察再拆装连接器2分； 会拆装连接器卡扣2分； 会使用合适工具拆装2分	
10	拆卸后查看	12分	检查连接器外壳并判断3分； 检查针脚异常并判断3分； 检查连接可靠性并判断3分； 元件不随意放置3分	
11	使用工具	8分	使用碰触工具用力适当2分； 正确选择拆装工具2分； 掌握拆装技巧2分； 工具不掉落、不随便放置2分	
12	5S表现	6分	注意收整2分； 注意清洁2分； 操作有条理2分	
13	操作记录	2分	关键信息、参数不遗漏2分	
14	安全生产	—	造成人身轻伤或财物部分损坏扣50分； 造成重大伤害或财物损毁停止操作，技能考核不给分	
总分		100分		

项目六　检修电控点火系统

学习任务 13　检修电控点火系统各组成元件

📚 学习目标

☞ 知识目标

1. 能归纳与总结各影响因素对点火提前角的修正规律；
2. 能分析 IGT、IGF 信号的波形及爆震传感器波形。

☞ 技能目标

1. 能够规范地检查点火提前角；
2. 能够正确规范地检查电控点火系统各组成元件。

☞ 素养目标

重温汽车发动机构造与维修课程中点火系统部分的内容，锻炼坚持不懈地、重复地自主学习的能力。

建议课时

10 课时。

任务描述

小明的汽车近期老是出现发动机运转不平稳的现象。维修技师利用诊断仪读取故障码和数据流，发现问题出在点火系统，但检测线路均正常。

点火提前角
控制

一　理论知识准备

❶ 点火正时和点火提前角的控制

点火系统对发动机的工作有着十分重要的影响，其功用是在发动机的各种工况和使用条件下，都能及时、可靠地点燃汽缸内的混合气。点火及时是要求点燃混合气的时间适当，点火可靠是要求产生的电火花有足够的能量，以保证能点燃汽缸内的混合气。

点火提前角是从火花塞发出电火花，到该缸活塞运行至压缩上止点时曲轴转过的角度。当汽油机保持节气门开度、转速以及混合气浓度一定时,汽油机功率和耗油率随点火提前角的改变而变化。对应于发动机每一工况都存在一个最佳点火提前角。点火提前角过大,易爆震;点火提前角过小,排气温度升高,功率降低。适当点火提前角,可使发动机每循环所做的机械功最多(曲线阴影部分),如图13-1所示。

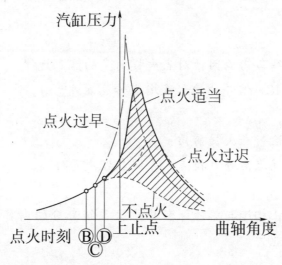

图 13-1　点火提前角对发动机性能的影响

❷ 影响最佳点火提前角的因素

影响最佳点火提前角的因素有以下几个方面。

(1)发动机转速:转速升高,点火提前角增大。采用电控点火系统,更接近理想的点火提前角。

(2)发动机负荷:歧管压力高(真空度小、负荷大),点火提前角小;反之,点火提前角大。采用电控点火系统时,可以使发动机的实际点火提前角接近于理想的点火提前角。

(3)燃料性质:汽油辛烷值越高,抗爆性越好,点火提前角可增大。

(4)其他因素:燃烧室形状、燃烧室内温度、空燃比、大气压力、冷却液温度。

❸ 点火提前角的控制

(1)起动控制:按 ECU 内存储的初始点火提前角对点火提前角进行控制。发动机起动过程中,进气管绝对压力传感器信号或空气流量传感器信号不稳定,ECU 无法正确计算点火提前角,起动时的点火提前角一般是固定的,为 10°左右。

(2)起动后正常运转控制:ECU 根据发动机的转速和负荷信号,确定基本点火提前角,并根据其他信号修正,以确定实际的点火提前角,并向电子点火控制器输出点火信号,如图 13-2 所示。

4 点火提前角常用的计算方法

不同的发动机控制系统中,对点火提前角的计算方法是不同的,主要有以下两种。

(1)修正点火提前角法。

实际点火提前角 = 初始点火提前角 + 基本点火提前角 + 修正点火提前角

(2)修正系数法。

实际点火提前角 = 基本点火提前角 × 点火提前角修正系数

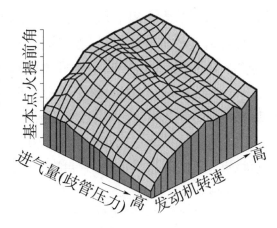

图 13-2 基本点火提前角的确定

修正系数或修正点火提前角都是存储在 ECU 中,发动机工作时,ECU 根据初始点火提前角、基本点火提前角和修正系数(或修正点火提前角)计算实际点火提前角。

5 点火提前角的修正

(1)预热修正。预热过程中,随冷却液温度的提高,点火提前角应适当减小,如图 13-3 所示。预热修正控制信号包括:冷却液温度传感器信号、进气管绝对压力传感器信号或空气流量传感器信号、节气门位置传感器信号(IDL 信号)等。

(2)过热修正。当发动机冷却液温度过高时,为了防止发生爆震或进一步过热,点火提前角需要适当推后,如图 13-4 所示。过热修正控制信号包括冷却液温度传感器信号、节气门位置传感器信号(IDL 信号)等。

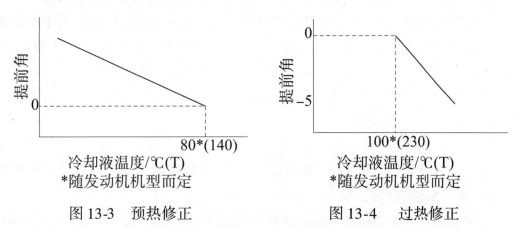

图 13-3 预热修正 图 13-4 过热修正

(3)怠速稳定性修正。怠速时,如果发动机的转速偏离了目标值,ECU 将会通过适当调节点火提前角的方式稳定转速,如图 13-5 所示。急速稳定修正控制信号包括发动机转速信号(Ne 信号)、节气门位置传感器信号(IDL 信号)、车速传感器信号(SPD 信号)、空调开关信号(A/C 信号)。

(4)爆震修正。发动机出现爆震时,ECU 会根据爆震传感器信号的大小或频率来判断爆震的强度,并对点火正时进行适当延迟。爆震较强时,点火正时延迟较多;当爆震较弱时,点火正时延迟较少;爆震停止时,点火正时便停止延迟,有时还会将点火正时稍微提前,直到再次发生爆震,然后再重新开始延迟,如图 13-6 所示。

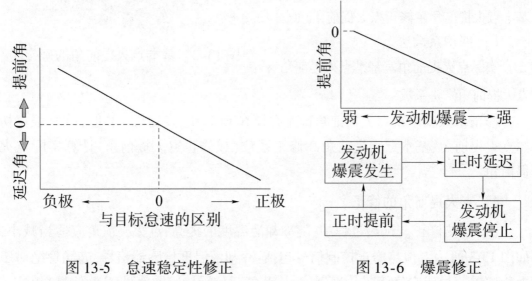

图 13-5 急速稳定性修正　　图 13-6 爆震修正

(5)其他修正。

①空燃比反馈修正:空燃比反馈控制系统是根据氧传感器的反馈信号调整喷油量来达到最佳空燃比控制的,因此,这种喷油量的变化必然带来发动机转速的变化。为了稳定发动机转速,点火提前角需根据喷油量的变化进行修正。

②转矩控制修正:配备电控自动变速器的汽车进行自动换挡时,由于发动机瞬时空载而使转速升高,因此,会造成一定的换挡冲击。为了减小这种冲击,某些车型的发动机会在换挡时适当延迟点火,以降低发动机的转矩。

③转换修正:当汽车从减速转换为加速时,点火时间需要提前,以便满足加速过程的需要。

④巡航控制修正:当汽车以巡航状态行驶时,如果遇到下坡,巡航控制 ECU 会发出一个信号给发动机 ECU,发动机 ECU 则适当延迟点火以减小发动机的转矩,从而利于车速的稳定。

⑤驱动防滑控制修正:驱动防滑控制系统工作时,为了降低发动机的转矩,点火时间适当延迟。

二 任务实施

1 准备工作

(1) 准备一辆实训车辆,并将车辆停放在安全的检测区域。

(2) 准备故障诊断仪、汽车万用表、点火正时灯(图 13-7)等仪器设备。

(3) 准备跨接线、塞尺等工具,如图 13-8 所示。

图 13-7　点火正时灯

a)跨接线

b)塞尺

图 13-8　跨接线与塞尺

(4) 确认驻车制动器操纵杆已拉紧、变速杆置于 P 挡或 N 挡,确认车辆安全停放。

(5) 打开发动机舱盖,安装好车辆挡块、翼子板布及防护三件套等车辆防护用具。

2 技术要求与注意事项

利用点火正时灯的时候,发动机在调整运转,要随时注意防范旋转的零部件伤到人,做到安全生产风险提前预知预判。

3 操作步骤

1) 用点火正时灯检查点火提前角

(1) 查找并验证飞轮或曲轴前端带轮上 1 缸压缩终了上止点标记和点火提前角标记,擦拭使之清晰可见,如标记不清晰,最好用粉笔或油漆将标记描白,如图 13-9 所示。

使用点火正时灯进行检查

(2) 将点火正时灯正确连接到汽车发动机上,将红色线接在蓄电池正极,黑色线接负极,信号夹夹在 1 缸高压线上或火花塞到点火器之间的导线上,如图 13-10 所示。

图13-9　正时标记

图13-10　点火正时灯连接

（3）起动发动机至正常工作温度，保持在怠速下稳定运转。如图13-11所示，打开正时灯并对准正时标记（正时刻度盘或正时指针），调整正时灯电位器，使飞轮或曲轴前端带轮上正时标记与固定标记清晰可见且对齐，此时，表头读数即为发动机怠速运转时的点火提前角。用同样的方法可分别测出不同工况、转速时的点火提前角并记录。

2）用智能故障诊断仪进行动作测试和读取数据流

（1）连接智能诊断仪到卡罗拉轿车的诊断插座上。打开点火开关及诊断仪的电源开关，选择车型后，就可以进入主界面，如图13-12所示。

图13-11　正时灯检查点火正时

图13-12　进入诊断仪主界面

（2）进入"发动机与变速器系统"，如图13-13所示。

（3）进入"功能选择"界面，选择"动作测试"。

（4）进入"动作测试"界面，选择"连接TC与TE1"。

（5）激活测试模式，将连接TC与TE1"指令状态"设置为"打开"。

（6）返回进入："功能选择"界面，选择"读取数据流"，如图13-14所示。

（7）进入"数据流测试"界面，选择"点火提前角"，如图13-15所示。

（8）查看并记录数据，如图13-16所示。

项目六　检修电控点火系统

图 13-13　进入"发动机与变速器系统"　　图 13-14　选择"读取数据流"

图 13-15　选择"点火提前角"　　图 13-16　查看并记录数据

3) 检查高压线

对于独立点火系统,就减少了高压线。下面是以奇瑞旗云 3 同时点火系统为例对高压线进行检查。

高压线的作用是把点火线圈产出的高压电传送给火花塞。先检查高压线是否有裂纹;高压线插孔是否脏污、腐蚀。如图 13-17 所示,用欧姆表测量高压线的电阻,电阻值应为 9.2kΩ 左右,若电阻值不在规定范围之内,应更换新件。

4) 检查点火线圈

(1) 检查点火线圈外接线路。

无分电器双缸同时点火系统的点火线圈发生故障时,发动机立即熄火或不能起动。ECU 不能检测到该故障信息。如果一个火花塞由于开路使这个点火回路断开,那么和它共用一个点火线圈的火花塞也因电气线路故障而不能跳火;如果一个火花塞由于短路而不能跳火,但电气回路没有断开,那么和它共用一个点火线圈的火花塞仍然能够跳火。图 13-18 为 AJR 型发动机点火系电路接线图。

①拔下点火线圈 4 针插头,用发光二极管测试灯连接蓄电池正极和插头上端子 4,如图 13-19 所示,发光二极管测试灯应亮。如果测试灯不亮,检查端子 4 和

搭铁点的线路是否有断路或搭铁不良。

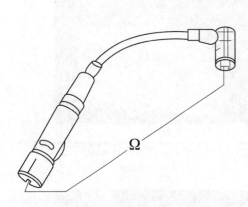

图 13-17　高压线的检查

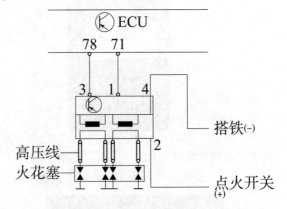

图 13-18　AJR 型发动机点火系电路接线图

②测试点火线圈的供电电压:拔下点火线圈的 4 针插头,用发光二极管测试灯连接在发动机搭铁点和线束插头上端子 2 之间,打开点火开关,发光二极管测试灯应亮。如果测试灯不亮,检查中央控制盒中供电端与端子 2 之间线路是否断路。

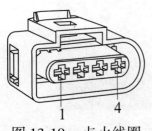

图 13-19　点火线圈
　　　　　4 针插头
　　　　　1、4-端子

③测试点火线圈工作:拔下 4 个喷油器的插头防止喷油,拔出点火线圈的 4 针插头,打开点火开关,用发光二极管测试灯连接发动机搭铁点和插头上端子 1,打开点火钥匙起动发动机数秒,测试灯应闪亮,然后用测试灯连接发动机搭铁点和端子 3,同样打开点火钥匙起动发动机数秒,测试灯应闪亮。如果测试灯不闪,检查点火线圈插头上端子和发动机控制单元线束的插头间导线是否开路或短路,如果线路正常,应更换发动机 ECU。

(2)检查点火线圈。

①外观检查。检查点火线圈时,先检查点火线圈外壳是否有裂纹、变形;接线柱是否有松脱、脏污;高压线插孔是否脏污、腐蚀;在工作中是否存在过热现象。

②电阻检查。由于独立点火系统中,点火线圈和点火器中的放大器集成在一起的,无法测出初级及次级线圈的电阻值。下面主要以同时点火系统为例,用万用表测点火线圈的初级及次级线圈的电阻,如图 13-20 所示。初级线圈电阻值应为 1.5Ω,次级线圈电阻值应为 2.8kΩ 左右,若电阻值不在规定范围之内,应更换新件(不同车型其规定值不同,在维修时应查阅维修手册。)

③点火线圈绝缘性检查。用万用表欧姆挡,测量点火线圈任意一端与外壳

的电阻均应为无穷大,否则存在漏电故障,应更换新件。

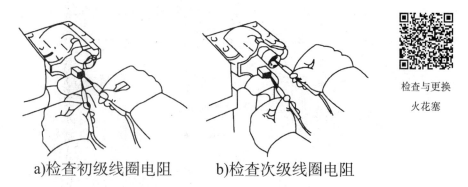

a)检查初级线圈电阻　　　b)检查次级线圈电阻

图 13-20　点火线圈电阻的测量

5)检修火花塞

(1)检查外观。拆下并观察火花塞积炭是否过多,由于积炭过多而导致导电性能下降,火花偏弱或缺火。应使用清洗剂把积炭清除,如果试火正常,则可继续使用;检查火花塞的螺纹及绝缘体有无损坏,如有异常,应更换火花塞。

(2)检查间隙。检查火花塞电极间隙,如图 13-21 所示,不同车型发动机的火花塞电极间隙不同,在维修时应查阅维修手册。可以通过弯曲负电极来调整火花塞电极间隙,使用过的火花塞电极间隙一般不调整。

用塞尺来测量火花塞的间隙。大部分火花塞间隙为 0.9~1.1mm,若火花塞电极间隙不在规定的范围内,应更换火花塞。

(3)检查火花塞绝缘电阻。用万用表欧姆挡测量火花塞电极与绝缘体之间的绝缘电阻,电阻值应为无穷大,如果不符合要求,则更换新件。

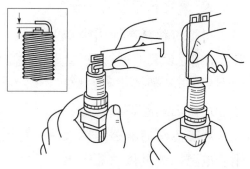

图 13-21　检查火花塞电极间隙

其他元件如曲轴位置与转速传感器的检查,在前面的项目中已有介绍。

三　学习拓展(爆震传感器的检修)

1　爆震控制系统的组成与工作原理

爆震传感器监测发动机是否产生爆震,并根据传感器信息,采取闭环反馈控制的方法修正点火提前角,使发动机工作在爆震的边缘。爆震传感器控制系统如图 13-22 所示。

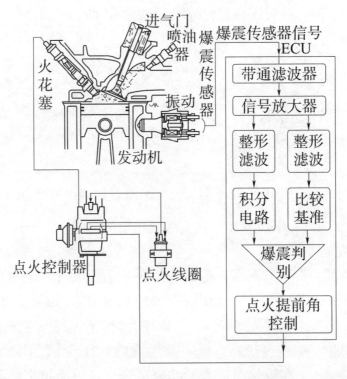

图 13-22 爆震控制系统的组成

❷ 爆震传感器的检查

爆震传感器在使用中应当注意：不同发动机使用的共振型爆震传感器不能互换使用；非共振型爆震传感器的拧紧力矩不得随意调整，必要时应按《使用说明书》规定的数值进行调整。

1）爆震传感器导线的检测

爆震传感器电路连接及插头与插座上端子位置如图 13-23 所示，检修时用万用表电阻挡测量传感器电阻。断开点火开关，拔下传感器线束插头，测量导线电阻，若电阻过大或为无穷大，说明线束与端子接触不良或断路，应予以维修。

2）爆震传感器波形检测

（1）对发动机加载，看示波器显示。波形的峰值电压（尖峰的高度或振幅）和频率（振动的次数）将随发动机的负载和转速变化而变化，同时也随发动机点火时间（正时提前）、燃烧温度、废气再循环等正常与否，其幅度和频率也将随之变化，如图 13-24 所示。

（2）接通点火开关，不起动发动机，用某些金属物在传感器附近敲击发动机机体。在敲击发动机机体之后，示波器将显示出一振动波形，如图 13-25 所示，敲击越重，振动幅度就越大。不同类型的爆震传感器，其峰值电压将有所不同。

项目六　检修电控点火系统

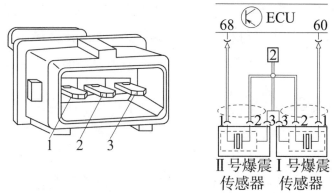

图 13-23　爆震传感器端子与 ECU 连接电路图
1、2、3-端子

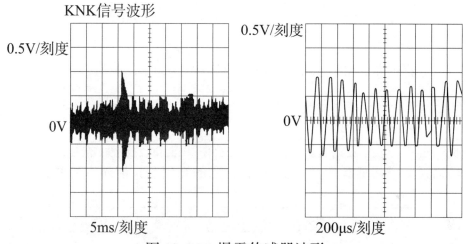

图 13-24　爆震传感器波形

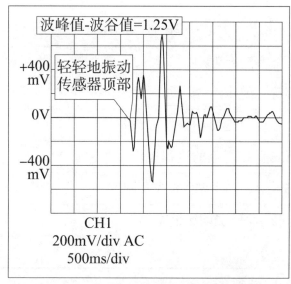

图 13-25　爆震传感器的敲击测试

注意:在起动发动机或敲击传感器时的波形是一条水平直线时,应先检查传感器和示波器的连接是否良好,然后检查其线路有无问题,最后再判断是否是传感器本身出了故障。

四 评价与反馈

❶ 自我评价

(1)通过本学习任务的学习,你是否已经知道以下问题:

①利用仪器检测点火提前角操作步骤时应注意哪些问题?
_____。

②电控点火系统各组成元件检测过程中应注意哪些问题?
_____。

(2)点火提前角是如何控制和修正的?
_____。

(3)实训过程完成情况如何?
_____。

(4)通过本学习任务的学习,你认为自己的知识和技能还有哪些欠缺?
_____。

签名:_____　　_____年____月____日

❷ 小组评价(表13-1)

小组评价表　　　　　　　　　　表13-1

序号	评价项目	评价情况
1	着装是否符合要求	
2	是否能合理规范地使用仪器和设备	
3	是否按照安全和规范的流程操作	
4	是否遵守学习、实训场地的规章制度	
5	是否能保持学习、实训场地整洁	
6	团结协作情况	

参与评价的同学签名:_____　　_____年____月____日

项目六 检修电控点火系统

❸ 教师评价

_____

_____。

教师签名：_____　　　_____年___月___日

五 技能考核标准

检修电控点火系统各组成元件的技能考核标准见表13-2。

技 能 考 核 标 准　　　表13-2

序号	操 作 内 容	规定分	评 分 标 准	得分
1	安全确认	8分	确认车辆停放平稳2分； 安装车轮挡块2分； 确认驻车制动器操纵杆已拉紧2分； 确认变速杆置于P挡或N挡2分	
2	前期准备	6分	安装尾气收集管2分； 安装车内防护件2分； 安装车外防护件2分	
3	连接诊断仪	8分	开机确认仪器正常2分； 选择正确诊断接口2分； 连接前关闭仪器2分； 关闭点火钥匙到OFF 2分	
4	用点火正时灯检查点火提前角	8分	能够查找并验证上止点标记和点火提前角标记2分； 能够将点火正时灯正确连接到汽车发动机上2分； 能够正确连接信号夹2分； 能够正确测出并记录怠速及其他工况时的点火提前角2分	

续上表

序号	操作内容	规定分	评分标准	得分
5	用智能故障诊断仪检查点火提前角	8分	点火开关打开到ON位置2分； 打开诊断仪2分； 能够激活测试模式2分； 进入"数据流测试"界面，查看并记录结果2分	
6	检查无分电器电控点火系统各组成元件	14分	能够正确测量高压线的电阻2分； 能够正确检查点火线圈外接线路2分； 能够正确测量初级线圈的电阻2分； 能够正确测量次级线圈的电阻2分； 能够正确判断点火线圈的绝缘性2分； 能够正确测量和调整火花塞的间隙2分； 能够正确判断火花塞的绝缘性2分	
7	外观检查		检查高压线是否有裂纹2分； 检查高压线插孔是否脏污、腐蚀2分； 检查点火线圈外壳是否有裂纹、变形2分； 检查点火线圈接线柱是否有松脱、脏污2分；	

续上表

序号	操作内容	规定分	评分标准	得分
7	外观检查	14分	正确观察火花塞积炭是否过多2分； 正确观察连接到点火线圈的导线2分； 能够分清点火线圈上的各个端子2分	
8	拆装连接器	6分	先观察再拆装连接器2分； 会拆装连接器卡扣2分； 会使用合适工具拆装2分	
9	拆卸后查看	12分	检查连接器外壳并判断3分； 检查针脚异常并判断3分； 检查连接可靠性并判断3分； 元件不随意放置3分	
10	使用工具	8分	使用碰触工具用力适当2分； 正确选择拆装工具2分； 掌握拆装技巧2分； 工具不掉落、不随便放置2分	
11	5S表现	6分	注意收拾整理2分； 注意清洁2分； 操作有条理2分	
12	操作记录	2分	关键信息、参数不遗漏2分	
13	安全生产	—	造成人身轻伤或财物部分损坏扣50分； 造成重大伤害或财物损毁停止操作,技能考核不给分	
总 分		100分		

项目七　检修进气系统

学习任务14　利用自诊断系统对进气系统进行综合分析与诊断

学习目标

☞ 知识目标
1. 能叙述发动机进气系统的组成及各元件作用；
2. 清楚发动机检测进气量的L、D两种型式。

☞ 技能目标
1. 熟练使用诊断仪读取进气系统的数据；
2. 学会对进气系统的机电综合故障进行检修操作。

☞ 素养目标
培养严谨细致的工作作风。

建议课时

10课时。

一辆轿车,车主反映有时发动机起动困难,发动机一旦起动后怠速正常,在加速时发动机有抖动现象。

项目七 检修进气系统

一 理论知识准备

1 现代发动机进气系统的作用及基本组成

发动机进气系统的作用是为发动机可燃混合气的形成提供经过过滤和检测的清洁、适量空气,并计量和控制燃油燃烧时所需要的空气量。发动机进气系统主要由空气滤清器、进气总管、空气流量传感器(或进气压力传感器)、节气门体、节气门位置传感器、进气歧管、发动机汽缸等组成。发动机进气系统的组成如图 14-1 所示。

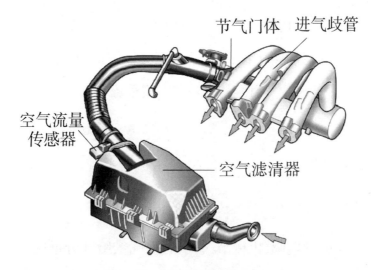

图 14-1 发动机进气系统

用空气流量传感器来检测发动机进气量的电喷系统称为 L 型(质量流量型)进气系统,如卡罗拉轿车使用热线式质量空气流量传感器,就属于 L 型,如图 14-2 所示;用进气压力传感器来检测发动机进气量的电喷系统称为 D 型进气系统,如爱丽舍轿车使用进气压力传感器,就属于 D 型,如图 14-3 所示;也有同时使用 D 型和 L 型双重检测的进气系统,如科鲁兹轿车即有卡门涡旋式空气流量传感器(L 型),也有进气歧管绝对压力传感器(D 型)。

2 进气系统性能故障的机理性分析

从电子控制角度分析,进气系统性能故障是因为 ECU 比较了检测到的进气量和实际进气量而存储了故障码,但也有不存储故障码的情况。所以,这是涉及发动机整个进气系统的问题,即有电子控制方面的,也有机械方面的综合故障形式。

分析故障原因时,除了检查电控部分的相关传感器、执行器及其电路的工作情况,还得充分考虑到机械方面的堵塞、密封不良、漏气等情况。

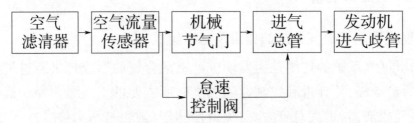

a)L型电喷(机械节气门)空气供给部分框图

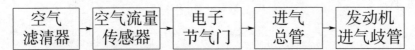

b)L型电喷(电子节气门)空气供给部分框图

图 14-2　L 型电喷系统

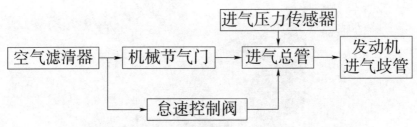

a)D型电喷(机械节气门)的空气供给部分框图

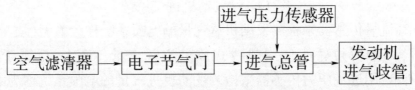

b)D型电喷(电子节气门)的空气供给部分框图

图 14-3　D 型电喷系统

进气系统流量性能是指实际进入发动机的空气量与发动机进气系统传感器检测到的进气量是否一致的问题。如果实际进入发动机的空气量与发动机进气系统传感器检测到的进气量一致,发动机 ECU 按传感器检测到的进气量控制喷油,混合气完全燃烧,发动机运转正常;如果不一致,发动机 ECU 还是按传感器检测到的进气量控制喷油,如漏气时实际进入汽缸的空气是多的,显然喷油量偏少,排气时氧传感器检测出了混合气偏稀,然后 ECU 根据氧传感器的信号调整喷油器多喷油,而空气流量传感器一直要求少喷油,如此矛盾性地反复调整,特别是增加节气门开度(踩加速踏板)的时候,调节明显跟不上,于是出现发动机运转不平稳等不正常现象。这是现代电子控制汽车进气系统出现故障时影响发动机运转较为典型的故障之一。

控制理论上,进气系统流量性能是否正常,是由发动机 ECU 根据进入汽缸的实际空气流量与根据歧管绝对压力(MAP)传感器和(或)质量空气流量(MAF)计算的空气流量做比较得出的结果。实际进气量则由氧传感器检测排放的浓或稀的程度反馈给 ECU,最终表现在 ECU 内部发现长时间比较的结果都不一致,于是记录了故障码。

二 任务实施

❶ 准备工作

(1)准备一辆实训车辆,并将车辆停放在安全的检测区域。
(2)准备故障诊断仪。
(3)准备手电筒、手套、万用表等检查时所需要的必须工具。
(4)确认驻车制动器操纵杆已拉紧、变速杆置于 P 挡或 N 挡,确认车辆安全停放。
(5)打开发动机舱盖,安装好车辆挡块、翼子板布及防护三件套等车辆防护用品。

❷ 技术要求与注意事项

(1)不同的车型和不同的发动机进气系统,其部件安装位置不尽相同,需视具体情况调整操作的方法和步骤。
(2)在必须拔出进气系统电子元器件的连接器之前,请先关掉点火开关(在科鲁兹轿车维修手册里,强调"关闭点火开关 2min 后才使所有车辆系统全部关断",也就是说应该关闭点火开关 2min 以后再拔插元器件的连接器)。
(3)在检查进气系统漏气情况时,需要在发动机运转状态下仔细查看,甚至用手去触摸相关管件。要特别注意人身安全,防止人体或衣物碰触到发动机皮带等高速运动的物体。

❸ 操作步骤

1)利用故障诊断仪读取故障码

根据客户描述,用故障诊断仪读取故障码,发现有 P0068(节气门体空气流量

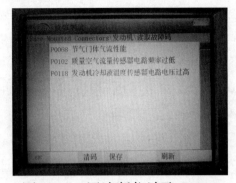

图 14-4 用诊断仪读取 P0068 故障码

性能)的故障码存在,如图 14-4 所示,说明系统存在进气流量性能方面的问题。

通过查阅维修手册,得知科鲁兹轿车关于进气系统流量性能方面的故障码有两个:P0068(节气门体空气流量性能)和 P1101(进气流量系统性能)。其诊断流程与分析方法一致,所以只要按照其中一个给定的流程进行检查与诊断,即可达到检修目的。

2)分析故障码所涉及电路

(1)科鲁兹轿车 LDE 发动机的空气流量传感器电路如图 14-5 所示,当传感器正极线的电阻连续或间歇地≥15Ω,将导致质量空气流量传感器检测到空气流量信号增加到 60g/s。

(2)根据当前的环境温度和车辆运行条件,如果质量空气流量传感器信号电路对进气温度信号电路短路,会导致质量空气流量传感器信号失真或异常。进气温度传感器电路如图 14-6 所示。

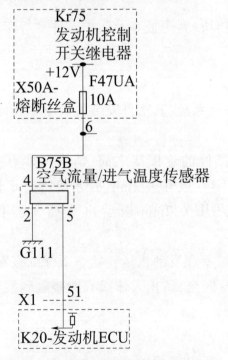
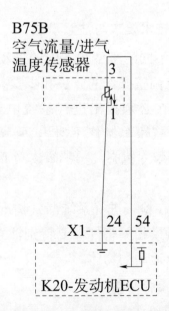

图 14-5 空气流量传感器电路　　图 14-6 进气温度传感器电路

(3)此外,上述短路也有可能导致"进气温度传感器"检测到的进气温度参数快速波动。

3）检查与分析电子控制的相关性能

机电相关性的检查也是运用诊断仪、万用表和示波器等仪器设备对进气系统相关的电子控制部分进行检查，通过读取故障码、数据流，测量相关的线束，测试波形和相关电子元器件，经过分析查明具体故障部位。操作步骤和方法如下。

（1）将点火开关拨到 ON 位置，如图 14-7 所示。

（2）再次读取故障码，如果还存在除"进气流量性能"之外的故障码，则按这个故障码的流程做进一步检查。

例如，使用 KT660 故障诊断仪对科鲁兹轿车的此故障再次读取故障码的时候，发现还有 P0641、P0651、P0697 或 P06A3（发动机控制模块 5V 输出电压）的故障码。因为进气系统的空气流量传感器、进气歧管压力传感器、节气门位置传感器等都用到 ECU 输出的 5V 电压，所以，应该对 5V 输出电压做进一步的检查诊断。

（3）如果没有故障码，则观察数据流，主要查看与进气相关的数据。

（4）查看进气压力数据。进气压力主要涉及歧管绝对压力传感器的参数和当地海拔大气压力数据，如图 14-8 所示。

图 14-7　将点火开关拨到 ON 位置

图 14-8　查看进气压力数据

通过查阅手册中"海拔与大气压力"表，核对歧管绝对压力与海拔大气压力是否符合相关要求。当地海拔与大气压力的对应见表 14-1。

海拔与大气压力　　　　表 14-1

海拔（m）	大气压力值（kPa）	海拔（m）	大气压力值（kPa）
4267	56～64	3048	66～74
3962	58～66	2743	69～77
3658	61～69	2438	71～79
3353	64～72	2134	74～82

续上表

海拔(m)	大气压力值(kPa)	海拔(m)	大气压力值(kPa)
1829	77~85	610	90~98
1524	80~88	305	94~102
1219	83~91	0(海平面)	96~104
914	87~95	-305	101~105

① 核准大气压力:将点火开关拨到 ON 挡,不起动发动机,用诊断仪从"发动机数据"调取进气歧管绝对压力传感器或大气压力的参数。因为此时进气管没有气体流动,气管内部压力等于当地外界大气压力,所以,可以通过进气歧管绝对压力传感器调取该数据与标准值对照;而安装有大气传感器的车辆则可以直接读取大气压力传感器的数据,然后与"海拔与大气压力"表进行对照。例如,贵州省贵阳市海拔 1100m 左右,对应的标准大气压力为 83~91kPa;而山东省青岛市海拔为 10m 左右,接近海平面,其标准大气压力为 96~104kPa。

② 核对进气压力:起动发动机,怠速状态下,用诊断仪调取进气歧管绝对压力传感器的参数,然后与刚才读取的大气压力作比较,进气歧管绝对压力传感器数据在小范围平稳变化,大气压力传感器的数据与"海拔与大气压力"表对应相符为正常。例如,科鲁兹轿车提供的怠速读数应在 26~34kPa 之间为正常。如果不正常,无论是否出现"P0106、P0107 或 P0108(歧管绝对压力传感器故障)"故障码,都按该故障码的检查流程做进一步的检查分析。

如果以上检查均正常,再查看空气流量传感器的数据,对进气流量进行分析诊断。

(5) 用故障诊断仪逐帧观察"质量空气流量传感器(MAF sensor)"参数,如图 14-9 所示。起动发动机,当发动机转速平稳提高并返回到怠速时,质量空气流量传感器(g/s)的参数应平稳逐渐变化。如果质量空气流量传感器值未平稳逐渐变化,不管是否出现空气流量传感器的故障码"P0101、P0102 或 P0103",则都按照故障码"P0101、P0102 或 P0103"的检查流程做进

图 14-9 观察质量空气流量传感器数据

一步的检查分析。

4)分析与机械相关的情况

与机械相关的情况主要是针对进气系统中漏气问题的检查。科鲁兹轿车维修手册提供发动机运转时使用喷雾肥皂水的方法检查泄漏故障,实际工作中可以通过耳听、手摸等方法检查。检查的范围包括真空管路、曲轴箱强制通风系统、进气歧管、节气门体和增压空气冷却器总成等。

5)检查与分析机械方面的故障

(1)检查进气软管(波纹管)的卡箍应无松动,如有松动则紧固修复,如图 14-10 所示;检查进气软管和进气总管应无开裂漏气,如有开裂情况,则更换或粘结修复。

图 14-10　检查进气软管及卡箍

(2)检查进气管塌陷或阻塞情况。

①检查空气滤清器壳体、进气软管(波纹管)、进气总管、进气歧管,如图 14-11 所示,应无塌陷,如有塌陷变形,要及时修复。

 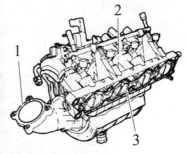

图 14-11　检查进气总管与进气歧管

1-进气总管接头;2-进气歧管;3-进气歧管衬垫

②拆卸后检查空气滤清器内部,滤芯、进气软管(波纹管)、进气总管、进气歧管内部应无阻塞,如有则清理通畅,如图 14-12 所示。

(3)检查质量空气流量传感器是否安装正确、到位。科鲁兹轿车的空气流量传感器上有箭头,箭头指示空气流量的方向,软管凸舌和传感器槽口在安装时必须对齐,元件的安装要到位、紧固可靠,如图14-13所示。

图 14-12　检查进气总管
　　　　　 与进气歧管内部

图 14-13　检查空气流量传感器
　　　　　 安装情况

(4)检查进气系统各连接件的密封状况。进气系统各连接件的密封是指进气总管、进气歧管、节气门体和喷油器等处的连接和密封(如图14-11中的1、3),检查其垫圈等密封应良好,不存在泄漏情况。

图 14-14　检查节气门体
　　　　　 内部状况

(5)检查节气门体与节气门本身。检查节气门体,主要检查其内部是否脏污、有碎屑和非金属件焦化,另外还检查节气门体叶片或节气门轴是否损坏,如图14-14所示。必要时对节气门体的进行拆卸检查和清洁,以进一步诊断确认故障位置。

(6)检查真空软管的状况。真空软管的检查主要是检查其是否脱开、开裂、扭结或连接不当,如图14-15所示。

图 14-15　检查真空软管

具体检查燃油压力调节器真空管、制动助力器真空管、进气歧管绝对压力传感器真空管、进气歧管调谐装置真空管的连接,应无脱落,无开裂,无扭结变形。

(7)检查 排气系统部件的状况。排气系统部件的检查主要是对排气系统中排气歧管(图14-16)、三元催化转换器、排气消声器、排气管及各部件连接处的密封垫进行检查,确认无缺失、无堵塞和无泄漏。

 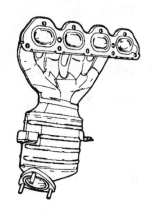

图14-16　检查排气歧管

(8)检查曲轴箱强制通风系统。检查曲轴箱强制通风系统主要检查其安装、连接应可靠,如图14-17所示;对电磁阀进行电路测量和通电动作测试,保证运行状况正常。

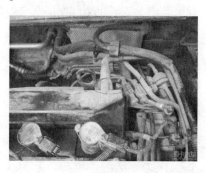 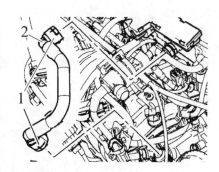

图14-17　检查曲轴箱强制通风管

1-曲轴箱强制通风管连接器;2-曲轴箱强制通风管

(9)检查发动机运转时的漏气情况。针对进气系统漏气现象的检查,科鲁兹轿车维修手册提供发动机运转时使用喷雾肥皂水的方法检查进气泄漏的故障,如图14-18所示。实际工作中还可以通过耳听、手摸、堵漏等方法进行检查。

具体操作方法是:发动机运转在怠速状态,打开发动机舱盖,先倾听发动机有漏气情况的大概部位,然后用手针对性的轻轻顺着各气管、各连接部位轻轻晃动、摸、堵,当操作到漏气部位时,漏气声音有明显改变、减轻或消失,即找到了漏气故障点,如图14-19所示。

图14-18　使用喷雾的方法检查进气泄漏

图14-19　使用晃、摸、堵的方法检查进气泄漏

警告性提示:为避免被烫伤和被运转的发动机伤人,在摸查各气管和各连接部位时,必须小心操作和碰触,以免受伤或造成事故!

三　学习拓展(发动机进气系统相关部件的作用及主要特点)

❶ 空气滤清器

空气滤清器的作用是将进入发动机汽缸的空气中的灰尘、杂质过滤,以防止损坏发动机缸体、活塞等,同时防止灰尘、杂质污染发动机油,造成发动机各润滑部位的磨损。现代汽车发动机滤清器外壳内,一般都设有过滤空气中灰尘、杂质的粗滤装置和降低近期噪声的装置。科鲁兹轿车空气滤清器如图14-20所示。

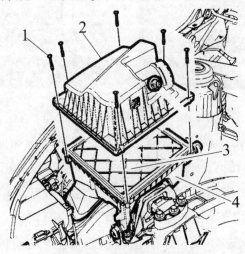

图14-20　空气滤清器
1-连接螺栓;2-上盖;3-滤芯;4-下盖

❷ 节气门

节气门的作用是控制进入发动机汽缸的空气流量,有机械式节气门和电子式节气门两种类型,机械式节气门如图14-21所示,电子式节气门如图14-22所示。

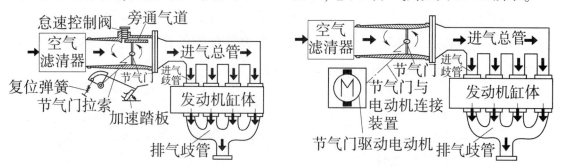

图14-21 机械式节气门　　　　图14-22 电子节气门

因为节气门的开度反映发动机的负荷,一般节气门开度大,表示发动机负荷大。发动机电喷系统要根据节气门开度来修正喷油量和点火提前角。为检测节气门开度的大小,在机械和电子节气门上都装有节气门位置传感器,如图14-23所示。

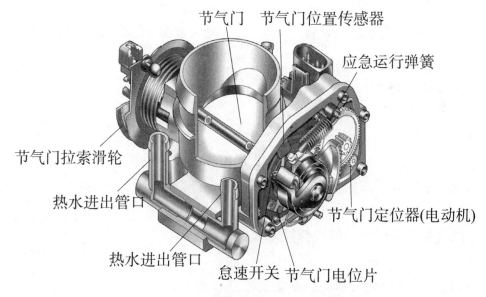

图14-23 装有节气门位置传感器和加热装置的节气门

为提高燃油的雾化效果,在节气门体上设置有加热装置,图14-23中机械节气门的加热装置为加热水管,加热水管中的热水来自发动机的冷却液;还有些节气门的加热装置为加热电阻。

加热装置对节气门体加热,节气门体对流入节气门的空气加热,喷油器喷出的燃油与热空气混合后,雾化效率提高。

❸ 进气软管、进气总管和进气歧管

如图 14-24 所示,进气软管位于空气滤清器与节气门体之间,因外形通常制成可自由弯曲的波纹状,所以也称波纹管。进气总管和进气歧管通常制成一体,外形如图 14-25 所示。进气总管相当于一个大储气罐,可以存储大量的空气,缓和近期气流的脉冲,保证各缸有充足的进气;进气歧管的作用是将可燃混合气引入各汽缸,保证进气充分和各缸进气量均匀。

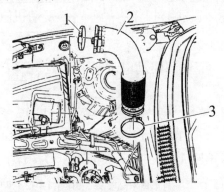
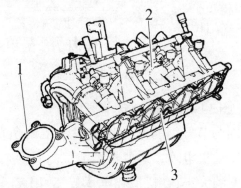

图 14-24　进气软管
1、3-卡箍;2-进气软管

图 14-25　进气总管和进气歧管
1-进气总管;2-进气歧管;3-进气歧管衬垫

四 评价与反馈

❶ 自我评价

(1)通过本学习任务的学习,你是否已经知道以下问题:

①进气系统数据流包含的数据:

_____。

②进气系统机械方面的检修操作项目包括:

_____。

(2)进气系统综合分析与诊断需要哪些设备?

_____。

(3)进气系统综合分析与诊断完成情况如何?

_____。

(4)通过本学习任务的学习,你认为自己的知识和技能还有哪些欠缺?

_____。

签名:_____　　　____年____月____日

❷ 小组评价（表14-2）

小 组 评 价 表　　　　　表14-2

序号	评 价 项 目	评 价 情 况
1	着装是否符合要求	
2	是否能合理规范地使用仪器和设备	
3	是否按照安全和规范的流程操作	
4	是否遵守学习、实训场地的规章制度	
5	是否能保持学习、实训场地整洁	
6	团结协作情况	

参与评价的同学签名：_____　　__年__月__日

❸ 教师评价

_____
_____。

教师签名：_____　　__年__月__日

五 技能考核标准

利用自诊断系统对进气系统进行综合分析与诊断的技能考核标准见表14-3。

技 能 考 核 标 准　　　　　表14-3

序号	操作内容		规定分	评分标准	得分
1	读取故障码与分析数据流	安全确认	8分	确认车辆停放平稳2分； 安装车轮挡块2分； 确认驻车制动器操纵杆已拉紧2分； 确认变速杆位于P挡2分	
2		前期准备	6分	安装尾气收集管2分； 安装车内防护件2分； 安装车外防护件2分	

续上表

序号	操作内容		规定分	评分标准	得分
3		连接诊断仪	8分	开机确认仪器正常2分; 选择正确诊断接口2分; 连接前关闭仪器2分; 关闭点火钥匙到OFF 2分	
4		记录车辆铭牌信息	4分	VIN、车型、发动机型号、排量各1分	
5	读取故障码与分析数据流	读取故障码	6分	能实现与发动机ECU通信3分; 能正确查找故障码2分; 记录故障码1分	
6		分析与代码相关的电路	4分	拆绘出相关电路2分; 分析电路原理2分	
7		读取并分析数据流	5分	会找到与进气相关的数据2分; 记录数据1分; 分析数据2分	
8		初步检查相关电子元器件	2分	找到与代码相关的元器件1分; 会做基本检查1分	
9		电子线路与元器件的测试	8分	正确测量线路2分; 准确发现线路故障2分; 会做电子元器件的测试2分; 结果记录与处理2分	

续上表

序号	操作内容		规定分	评分标准	得分
10	操作检查机械相关部件	检查空气滤清器	4分	会检查脏污、损坏、漏气、堵塞各1分	
11		检查进气软管与进气总管	8分	会检查开裂、变形、漏气、连接紧固各2分	
12		检查真空管路	6分	能完整查找真空管2分；会检查松脱、漏气各2分	
13		外观检查节气门体	6分	会检查连接状况、密封、漏气各2分	
14		检查排气系统	12分	安全防范4分；会检查损坏、漏气、堵塞、连接状况各2分	
15		使用工具	8分	使用照明工具查看2分；使用碰触工具用力适当2分；掌握检修技巧2分；工具不掉落、不随便放置2分	
16		5S表现	5分	注意收拾整理2分；注意清洁1分；操作有条理2分	
17	安全生产		—	造成人身轻伤或财物部分损坏扣50分；造成重大伤害或财物损毁停止操作,技能考核不给分。	
总　　分			100分		

学习任务 15　检修 VVT 装置与进气系统其他电子装置

学习目标

☞ 知识目标

1. 能简述 VVT 控制装置的组成及其原理；
2. 了解进气系统其他电子控制装置的结构及原理。

☞ 技能目标

1. 能正确检修 VVT 控制装置；
2. 学会检修进气系统其他电子控制装置。

☞ 素养目标

1. 养成团结互助、相互协作、共同探讨的良好习惯；
2. 了解可变进气发展史，领会科技进步在提高效率方面的作用。

建议课时

10 课时。

任务描述

一辆轿车，车主反映发动机怠速时轻微发抖，故障指示灯点亮。

一　理论知识准备

进气系统的电子控制装置除了节气门位置传感器、节气门电动机(或怠速控制阀)、加速踏板位置传感器之外，根据车型和配置不同，还包括空气流量传感器、进气温度传感器、进气歧管绝对压力传感器、进气歧管调谐电磁阀、进排气凸轮轴控制等的电子元器件及其电路，如图 15-1 所示。

进气温度传感器
3D 结构展示

❶ 空气流量传感器与进气温度传感器

目前汽车发动机的质量空气流量（MAF）传感器和进气温度（IAT）传感器

大部分都集成在一起,如图 14-10 中的 B75B 元件。空气流量传感器检测进入发动机的空气量;进气温度传感器检测进入发动机的空气温度。此车型的空气流量传感器为卡门涡旋式空气流量传感器,其电路由一根 12V 电源线、一条搭铁线和一条信号线组成,发动机控制模块(ECU)向传感器提供 5V 电源电压,传感器产生频率信号经信号线传送给 ECU,ECU 则根据此信号控制基本的燃油喷射量。

热膜式空气流量传感器工作原理

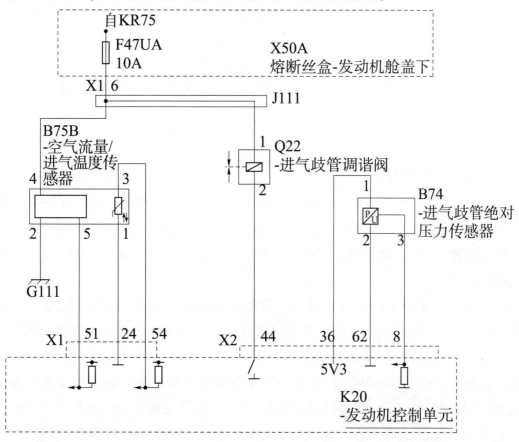

图 15-1　空气流量、进气歧管压力传感器、节气调谐电磁阀

进气温度传感器为负温度系数传感器,电路由一根 5v 参考电压(信号)线和一根在 ECU 内部搭铁的低电平参考线组成,传感器产生由电阻值变化引起的电压变化信号传送给 ECU,ECU 根据此信号转换成对应的温度,修正发动机的燃油喷射量。

❷ 进气歧管绝对压力传感器

科鲁兹轿车 LDE 发动机的歧管绝对压力传感器电路由一条 5V 电源线、一条搭铁线和一条信号线组成,接线如图 15-2 所示。发动机 ECU 通过信号线接收进气歧管压力变化转换成的电压信号,并根据此信号调整燃油喷射量。

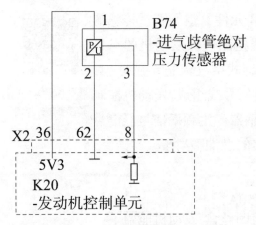

图15-2 进气歧管绝对压力传感器接线原理图

进气歧管绝对压力传感器的压力数据超出ECU计算所需的压力范围超过0.5s，传感器电压信号大于4.9V或小于0.05V持续5s以上，系统将记录故障码。从故障诊断仪读取的故障码可能有P0106、P0107或P0108中的一个或多个。通过查阅维修手册，具体含义为：P0106——歧管绝对压力（MAP）传感器性能；P0107——歧管绝对压力（MAP）传感器电路电压过低；P0108——歧管绝对压力（MAP）传感器电路电压过高。故障分析与诊断请参考本任务的"学习拓展"。

❸ 凸轮轴正时控制VVT

一般情况下，每台发动机的配气相位（气门开闭的时刻）是固定不变的。但现代先进的发动机，为了提高进排气效率、提高功率输出、改善燃料消耗率和减少废气的排放，利用机油压力来调节进排气开关时刻，称为可变配气相位机构（简称VVT）。

VVT是用来改变凸轮轴相对于曲轴提前或推后旋转一定角度的装置。没有VVT的发动机，凸轮轴与正时皮带轮的装配成为一个整体，旋转时它们的相互角度不会有任何变化，也就是说凸轮轴、正时皮带轮与曲轴的相对位置是固定不变的。设置有VVT的发动机，实际上只是将凸轮轴与凸轮轴上的正时皮带轮装配成可以相互转动的"活动"部件，如图15-3所示，即凸轮轴在运动过程中可以相对于正时皮带轮再转动一定的角度。

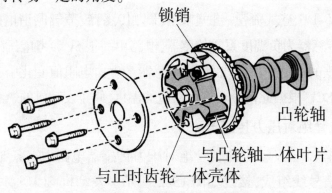

图15-3 凸轮轴与正时齿轮

项目七　检修进气系统

VVT 如图 15-4 所示，凸轮轴上的正时皮带轮是通过正时皮带连接曲轴皮带轮保证两者的相对旋转位置，凸轮轴与其皮带轮的相对位置则靠 VVT 电磁阀控制机油在该装置中的油路方向来实现，VVT 传感器（凸轮轴位置传感器）和曲轴位置传感器是用来监测凸轮轴与曲轴之间的具体相对角度的，ECU 通过采集凸轮轴位置传感器与曲轴位置传感器的信号来具体控制 VVT 电磁阀的开闭，而此电磁阀又通过对机油油路方向与压力的控制，实现正时皮带轮与凸轮轴相对角度的控制。

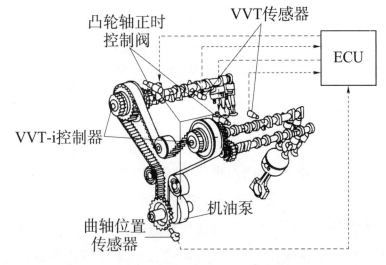

图 15-4　可变配气相位机构（简称 VVT）

当正时皮带轮、凸轮轴、曲轴正时初始位置装配有偏差、不对位，或者机油油道堵塞、机油压力不足、凸轮轴位置传感器或曲轴位置传感器、正时控制电磁阀及其线路有故障，都会对 VVT 系统的控制和判断产生错误，形成凸轮轴与曲轴性能故障。分析此类故障就得从上述几方面入手，充分考虑并分析故障原因。

维修过程中，当出现与凸轮轴正时控制相关的故障码时，往往从凸轮轴正时齿轮总成与正时机油控制阀两方面进行检修。检修 VVT 电磁阀涉及的电路如图 15-5 所示。

二　任务实施

1　准备工作

(1) 准备一辆实训车辆并将车辆停放在安全的检测区域。
(2) 准备故障诊断仪，并确保开机自检正常。

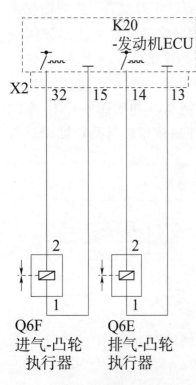

图 15-5　科鲁兹轿车 VVT
电磁阀控制电路

(3) 准备 2 条跨接线。

(4) 准备手电筒、手套等外观检查用具和呆扳手等拆装工具。

(5) 确认驻车制动器操纵杆已拉紧、变速杆置于 P 挡或 N 挡,以确认车辆安全停放。

(6) 打开发动机舱盖,安装好车辆挡块、翼子板布、防护三件套等车辆防护用品。

❷ 技术要求与注意事项

(1) 不同的车型和不同的发动机电子控制系统,VVT 装置的安装位置不尽相同,但一定位于进排气凸轮轴的一端,需视具体车型或发动机系统而定。

(2) 在必须拔出元器件的连接器之前,请先关闭点火开关,如图 15-6 所示。

❸ 操作步骤

1) 读取故障码

如果发动机 VVT 系统出现故障,从诊断仪读取的故障码一般有 P0010、P0011、P0013、P0014、P0016 或 P0017 中的一个或多个,如图 15-7 所示,同时伴随有或单独体现出发动机功率输出降低、燃油经济性变差、废气排放超标。现参考与凸轮轴位置相关的故障诊断程序,说明此类故障的诊查方法。

图 15-6　关闭点火开关

图 15-7　读取 VVT 系统
故障码 P0013

查阅维修手册,知道 P0010、P0011、P0013、P0014、P0016 或 P0017 的具体含义如下。

(1) P0010:进气凸轮轴位置执行器电磁阀控制电路。

(2) P0013:排气凸轮轴位置执行器电磁阀控制电路。

(3) P0011:进气凸轮轴位置系统性能。

(4) P0014:排气凸轮轴位置系统性能。

(5) P0016:曲轴位置—进气凸轮轴位置不合理。

(6) P0017:曲轴位置—排气凸轮轴位置不合理。

2) 观察数据流

起动发动机,怠速运行,通过诊断仪确认表 15-1 的参数,是否显示"OK(正常)"或"Not Run(未运行)",如有故障,则显示"Fault(故障)"。

凸轮轴位置执行器电磁阀控制电路数据流　　　　表 15-1

数据流名称	测试条件	当前读数	判断
进气凸轮轴位置执行器电磁阀控制电路高电压测试状态	怠速	□正常/□未运行/□故障	
进气凸轮轴位置执行器电磁阀控制电路开路测试状态	怠速	□OK /□Not Run /□Fault	
进气凸轮轴位置执行器电磁阀控制电路电压过低测试状态	怠速	□正常/□未运行/□故障	
排气凸轮轴位置执行器电磁阀控制电路电压过高测试状态	怠速	□OK /□Not Run /□Fault	
排气凸轮轴位置执行器电磁阀控制电路开路测试状态	怠速	□正常/□未运行/□故障	
排气凸轮轴位置执行器电磁阀控制电路电压过低测试状态	怠速	□OK /□Not Run /□Fault	

如果数据流显示"Fault(故障)",说明电路存在故障,需对 VVT 电磁阀电路进行测量;如果显示"Not Run(未运行)",说明对此线路无法确定是否有故障,需要对电路进行测量、对元件和 ECU 进行测试才能最终确定故障点;如果显示"OK

（正常）"，则说明整个 VVT 电磁阀控制涉及的 ECU、线路和阀元件均正常。

3）测量线路

一般 VVT 电磁阀的线路都很简单，如 VVT 电磁阀 Q6F－进气凸轮轴执行器电磁阀只连接一根正极控制线（Q6F/2 针脚）和一根负极线（Q6F/1 针脚）（图 15-5）。控制线由发动机 ECU（科鲁兹轿车 LDE 发动机 ECU K20）通过 X2/32 针脚发出脉冲信号控制电磁阀动作，而负极线则接回 X2/15 针脚在 ECU 内部搭铁形成回路。

测量此线路只需考虑每条线的功能状况、通断，信号线对正极短路和对地短路等情况。具体操作方法如下。

(1) 线束功能状况的测量。

①关闭点火开关。注意：请等待 2min 左右，保证车内全部电器电源均关闭，以保护电子元件。

②拔出 VVT 电磁阀线束连接器，测量负极线与车身搭铁之间的电阻，如图 15-8 所示，正常情况下其电阻值应小于 10Ω，说明负极线和 ECU 内部搭铁良好。

③控制线状态及 ECU 控制功能的检测，因涉及控制理论问题，其测试时需用诊断仪执行控制指令来观察，具体方法见本任务实施"4）元件测试"操作步骤(3)的"ECU 内部控制性能的测试"。

(2) 线束通断的测量。

①在已关闭点火开关的情况下，断开蓄电池负极，再拔出 ECU 的相关插头（如 K20 的 X2 插头）。

②测量控制线、负极线端对端的电阻，如图 15-9 所示。线束无断路的情况下电阻小于 2Ω，属正常。

图 15-8　测量 VVT 负极线与车身
　　　　　搭铁之间的电阻

图 15-9　测量线束端
　　　　　对端的电阻

③如果控制线的电阻为∞，说明此线断路，需修复或更换此线。

④如果负极线电阻大于 2Ω,说明可能有插头连接不良的情况,应确认连接良好;如电阻为无穷大,说明此线断路,需修复或更换此线。

(3)控制线对正极短路和对负极短路的测量。因为负极线对正极短路会造成线束严重烧损或 ECU 内部被烧坏等严重事故,所以,一般情况不考虑此类情况的测量;而负极线本身就是搭铁线,其对负极短路是求之不得的事,所以,也不用考虑此情况的发生。因此,只针对正极控制线的对正极短路和对负极短路进行测量。

①点火开关关闭、蓄电池负极断开和 ECU 相关插头已拔出的测量条件下。

②测量控制线与负极之间的电阻,应为∞,判断为无对地短路,属正常,如图 15-10 所示。

③再将点火开关拨到 ON 位置,测量控制线与负极之间的电压,应小于 1V,判断此线无对正极短路。如图 15-11 所示。

图 15-10　测量 VVT 控制线与负极是否短路的电阻　　图 15-11　测量 VVT 控制线与负极之间的电压

④如有与上述测量不符的结果出现,则对控制线的正极短路和负极短路情况进行修复或更换处理。

(4)两线间互相短路的测量。

①在元件线束均无断路的情况下,在任一端的每根线之间测量电阻,如图 15-12 所示,其线线间的阻值均应为∞,属无互相短路。

②当已发现任意一根线有断路,则需测量此线的每一端对其他线的电阻,也均为∞,才正常。

③如果测量出任何两线之间存在互相短路和情况,则需进行修复或更换整个线束。

图 15-12　测量 VVT 线线间是否互相短路

（5）上述测量可归纳为表15-2所示，对凸轮轴位置执行器电磁阀的控制电路进行测量分析。

注意：以下测量为故障性质顺序的测量，实际维修诊断中可根据点火开关状态或相关插头插拔状态针对性地改变测量顺序。

表15-2 测量分析凸轮轴位置执行器电磁阀的控制电路

项目	参考线号或端子号	测量条件	参数与标准	判断
功能	Q6F/1—车身	点火开关OFF，拔元件插头	$R<10\Omega$	
	Q6E/1—车身	点火开关OFF，拔元件插头	$R<10\Omega$	
通断测量	Q6F/1—K20 X2/15	点火开关OFF，断B−，拔元件，拔ECU	$R<2\Omega$	
	Q6F/2—K20 X2/32		$R<2\Omega$	
	Q6E/1—K20 X2/13		$R<2\Omega$	
	Q6E/2—K20 X2/14		$R<2\Omega$	
对地短	Q6F/2—车身	点火开关OFF，断B−，拔元件，拔ECU	R为∞	
	Q6E/2—车身		R为∞	
互短	Q6F/1—Q6F/2	点火开关OFF，断B−，拔元件，拔ECU	R为∞	
	Q6E/1—Q6E/2		R为∞	
对正短	Q6F/2—车身	接B−，拔元件，拔ECU，点火开关ON	$U<1V$	
	Q6E/2—车身		$U<1V$	
结果分析与判断		通过以上测量，发现：□Q6F/□Q6E的_____线束存在□断路/□对地短路/□对正极短路/□线线互相短路的故障；所有测量□全部正常。		

4）元件测试

（1）VVT电磁阀的静态测试。

①点火开关拨到OFF挡，断开进气（或排气）凸轮轴执行器电磁阀的插头。

②用万用表测量VVT电磁阀元件上1、2端子之间的电阻，7~12Ω为正常，如图15-13所示。

③如果电阻大于12Ω或为∞，说明电磁阀内部线圈存在电阻过大或断路；如果电阻小于7Ω，说明内部线圈存在短路。这两种情况都应更换相应的电磁阀。

④如果在7~12Ω，则测量任一个端子与电磁阀的壳体之间的电阻，如图15-14所示，测量值为∞属正常，说明没有对壳体短路。

图 15-13　测量 VVT 电磁阀内部
　　　　　线圈的电阻

图 15-14　测量 VVT 电磁阀线圈
　　　　　是否与壳体短路

⑤如果电阻不是∞,说明电磁阀内部线圈与壳体存在搭铁短路,应更换此电磁阀。

(2) VVT 电磁阀的动态测试。

①同样将进气(或排气)凸轮轴执行器 VVT 电磁阀的插头断开。

②用跨接线将端子 2 连接到蓄电池正极,将端子 1 连接并与蓄电池负极进行短暂碰触,如图 15-15 所示,同时,注意倾听电磁阀通电产生磁场,吸拉阀芯的"嘀嗒"声。有声响并看到阀芯前后移动为正常。

③如果没有听到响声或没看到阀芯移动,则说明内部线圈不产生磁场或阀芯卡死,均需更换电磁阀。

(3) ECU 内部控制性能的测试。

①在保证线路均正常,电磁阀元件也正常的前提下,连接 ECU 插头,在电磁阀端跨接好负极线,在电磁阀端控制电路端子 2 和 B+

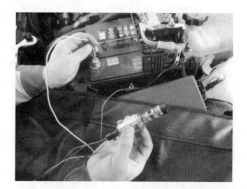

图 15-15　VVT 电磁阀的
　　　　　动态测试

之间连接一个数字式万用表,设定为二极管挡,如图 15-16 所示。

②将点火开关拨到 ON 挡。

③用故障诊断仪指令进气(或排气) VVT 电磁阀"OFF(断开)"。同时,观察数字式万用表电压读数应大于 2.5V 或显示"O.L(过载)",说明 ECU 内部控制性能良好。

④如果此时万用表显示电压≤2.5V,则说明 ECU 内部没有输出控制信号,应更换 ECU。

5) 机械相关部分的检修

如果诊断出的故障码含义为"进气凸轮轴位置系统性能""排气凸轮轴位置

系统性能""曲轴位置—进气凸轮轴位置不合理""曲轴位置—排气凸轮轴位置不合理"中的一个或多个,说明故障除了与 VVT 电磁阀电路有关,更多的还与其 VVT 系统相关的其他部分有关。此时,还应考虑除电路以外的其他相关机械或电路方面的问题。下面对此做一个框架式的梳理。

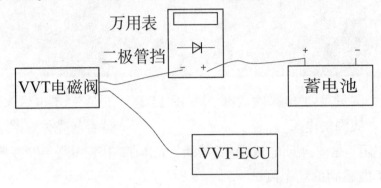

图 15-16　ECU 内部控制性能测试接线

(1) 读数据流分析。

刚读过故障码,可随即通过诊断仪,在相应测试条件下读取数据,并分析相关数据是否正常,见表 15-3。

读取 VVT 系统相关数据　　　　表 15-3

数据流名称	测试条件	标准值	判断
剩余发动机油寿命	点火开关 ON	—	
进气凸轮轴执行器电磁阀控制电路电压过低测试状态	将控制线人为搭铁	故障	
排气凸轮轴执行器电磁阀控制电路电压过低测试状态	将控制线人为搭铁	故障	
期望的进气凸轮轴位置	正常冷却液温度,急速,用诊断仪执行元件指令到 20°	20°	
进气凸轮轴位置		20°	
进气凸轮轴位置偏差值		0°	
期望的排气凸轮轴位置		20°	
排气凸轮轴位置		20°	
排气凸轮轴位置偏差值		0°	

(2)检查进气或排气凸轮轴电磁阀控制电路。

检查凸轮轴电磁阀控制电路主要是针对控制回路的电阻过大或存在对地短路的情况。具体操作参考前述部分的"电路测量"。

(3)检查发动机油状态。发动机机油油位应正常,尤其油位不能过低,油质良好。

(4)检查凸轮轴执行器外壳状况。凸轮轴控制执行器外壳无开裂,内部油道无阻塞。

(5)检查凸轮轴位置传感器的安装情况,如图15-17所示。检查进气凸轮轴位置传感器安装正确应到位,不错位;排气凸轮轴位置传感器安装应正确到位,不错位。

(6)检查曲轴位置传感器安装情况。曲轴位置传感器的安装应正确到位,无松动。

(7)检查执行器内部是否损坏。拆卸进、排气凸轮轴执行器,检查其内部是否损坏,油道应无阻塞情况,如图15-18所示。

图15-17 检查凸轮轴位置传感器的安装

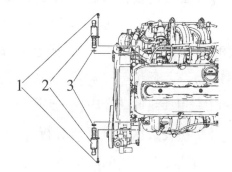

图15-18 拆卸检查进、排气凸轮轴执行器

1-紧固螺钉;2-执行器电磁阀;3-O形密封圈

(8)检查进排、气凸轮轴位置传感器内部安装情况。拆卸气门室罩盖,检查进排、气凸轮轴位置传感器的内部安装情况,安装间隙合适,信号齿无损坏。

(9)检查正时皮带、正时标记和张紧度。拆卸正时齿轮罩盖,如图15-19所示,检查正时皮带、正时标记和张紧度。正时皮带应无损坏、正时标记对准、张紧度合适。

(10)检查凸轮轴与其正时齿轮安装情况。拆卸正时齿轮,如图15-20所示,检查凸轮轴与其正时齿轮安装,安装应正确、到位,转动无卡滞现象。

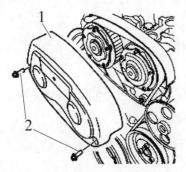 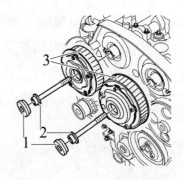

图 15-19 拆卸正时齿轮罩盖　　　　图 15-20 拆卸正时齿轮
1-正时齿轮罩盖；2-紧固螺钉　　　　1-螺栓罩；2-连接螺栓；3-正时齿轮

（11）检查曲轴位置传感器内部安装和磁阻轮状况。拆卸曲轴磁阻轮，检查曲轴位置传感器的内部安装状况应良好，磁阻轮状况正常应无损坏，间隙合适。

三　学习拓展（空气流量传感器及其电路故障检测与诊断）

❶ 空气流量传感器及电路故障码

如果空气流量传感器及其电路出现故障，可通过故障诊断仪读取P0101、P0102 或 P0103 中的一个或多个故障码。查阅维修手册，具体含义为：P0101——质量空气流量（MAF）传感器性能；P0102——质量空气流量（MAF）传感器电路电压过低；P0103——质量空气流量（MAF）传感器电路频率过高。

空气流量传感器的检修

❷ 相关数据的查看与分析

一般地，发动机的质量空气流量（MAF）传感器的数据有两项：一项显示的是频率数据，另一项则显示 ECU 计算后得出的流量值（g/s）。当加、减加速踏板时，相应的频率数据和流量数据均在标准范围内平稳变化为正常。通过诊断仪，进入发动机数据组，查看相关数据，标准见表 15-4。

空气流量传感器数据流　　　　表 15-4

序号	数据流名称	测试条件	标准值
1	质量空气流量（MAF）传感器	起动，急速到全速	1700～2100Hz
2	质量空气流量传感器	急速 2500r/min	1.7～3.7g/s 5.5～7.5g/s
3	计算的空气流量	起动，急速到全速	变化（g/s）

项目七 检修进气系统

❸ 电路的分析与诊断

科鲁兹轿车 LDE 发动机的质量空气流量（MAF）传感器 B75B 线路分析与诊断流程如图 15-21 所示。

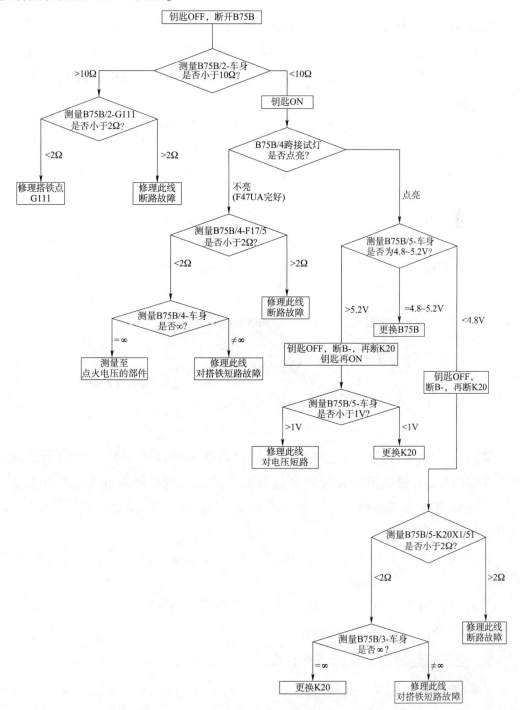

图 15-21 空气流量传感器故障检测流程

4 空气流量传感器的元件测试

科鲁兹轿车 LDE 发动机卡门涡旋式空气流量传感器 B75B 的元件测试典型方法是波形分析法。

波形分析法:卡门涡旋式空气流量传感器以 ECU 送来的 5V 电压为参考,并传回相当于进入发动机空气量的频率信号。输出信号是一个方波,其振幅固定在 0~5V,信号频率的改变为 30~150Hz。低频代表少量的空气流量,高频代表大量空气流量。

在保证线束和 ECU 都正常的前提下,用 3 根 T 型线分别跨接空气流量传感器 1、2、5 端子,通过示波器观察波形,具体方法如下。

①运用示波器单通道接线,正极接 5 脚 T 型线头,负极可靠搭铁;如图 15-22 所示。

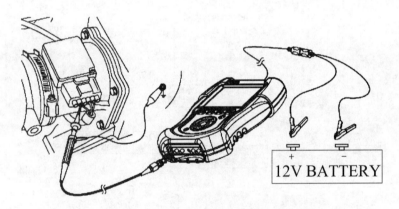

图 15-22　空气流量传感器波形连接

②打开示波器,将示波器横向时间设置为 200us/格(频率),纵向电压值设置为 2.0V/格(也可根据自己方便观察的需要设置为其他时间和电压)。

③确认蓄电池电压处于 12V 的正常状态,发动机 ECU 控制电路连接稳固,起动发动机并怠速运转。

④缓慢踩下、松开加速踏板,同时观察示波器捕捉到气流振动时的频率波形。

⑤科鲁兹轿车 LDE 发动机怠速时的正常波形如图 15-23 所示。

⑥波形分析如图 15-24 所示。

5 空气流量传感器故障修复后检验

①如果诊断时、拆下或修理时更换部件,安装时注意卡口对位并注意防止漏气。

项目七　检修进气系统

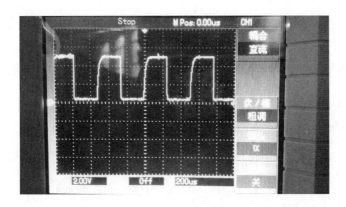

图 15-23　卡门涡旋式空气流量传感器怠速时的正常波形

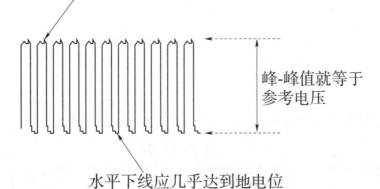

图 15-24　卡门涡旋式空气流量传感器的波形分析

②用故障诊断仪清除故障码并再次读取故障码,确认不再出现故障码。

③用故障诊断仪再次读取空气流量传感器的数据流。特别注意观察确认空气流量的频率数据和"g/s"数据是随着节气门的开度在不断变化。

④如果以上检验测试全部正常,说明故障彻底排除。

 思政小模块

可变气门正时技术

可变气门正时技术诞生于20世纪60年代。最早被意大利的阿尔法罗密欧汽车使用。罗密欧汽车的工程师在进气凸轮轴的主动链轮里加上一个设备,并将其通过螺旋键槽与凸轮连接,起到改变气门的正时效果。

随后,汽车业出现了双顶置凸轮轴系统(后来被称为 NVCS 和 VTEC 系统)等。可变气门正时技术的出现与发展,为减少汽车尾气排放做出了巨大贡献。

四 评价与反馈

❶ 自我评价

(1) 通过本学习任务的学习,你是否已经知道以下问题:

①对VVT装置的理论性理解情况:

_____

②对VVT机械装置的检修项目有:

_____

(2) 对VVT机械装置的检修需要哪些设备?

_____

(3) 实训过程完成情况如何?

_____

(4) 通过本学习任务的学习,你认为自己的知识和技能还有哪些欠缺?

_____

签名:_____ ____年___月___日

❷ 小组评价(表15-5)

小组评价表　　　　　　　　表15-5

序号	评价项目	评价情况
1	着装是否符合要求	
2	是否能合理规范地使用仪器和设备	
3	是否按照安全和规范的流程操作	
4	是否遵守学习、实训场地的规章制度	
5	是否能保持学习、实训场地整洁	
6	团结协作情况	

参与评价的同学签名:_____ ____年___月___日

❸ 教师评价

_____

教师签名:_____ ____年___月___日

五 技能考核标准

检修VVT装置与进气系统其他电子装置的技能考核标准见表15-6。

技能考核标准　　　　　　　　　　　　表15-6

序号	操作内容		规定分	评分标准	得分
1	检查电子控制部分与分析数据流	安全确认	8分	确认车辆停放平稳2分； 安装车轮挡块2分； 确认驻车制动器操纵杆已拉紧2分； 确认变速杆位于P挡2分	
2		前期准备	6分	安装尾气收集管2分； 安装车内防护件2分； 安装车外防护件2分	
3		记录车辆铭牌信息	4分	VIN、车型、发动机型号、排量各1分	
4		连接诊断仪	8分	开机确认仪器正常2分； 选择正确诊断接口2分； 连接前关闭仪器2分； 关闭点火钥匙到OFF 2分	
5		读取故障码	3分	能与发动机ECU通信1分； 能正确查找故障码1分； 记录故障码1分	
6		分析与代码相关的电路	4分	拆绘出相关电路2分； 分析电路原理2分	
7		读取并分析数据流	6分	会找到与进气相关的数据2分； 记录数据1分； 分析数据3分	

续上表

序号	操作内容		规定分	评分标准	得分
8	检查电子控制部分与分析数据流	初步检查相关电子元器件	2分	找到与代码相关的元器件1分； 会做基本检查1分	
9		电子线路与元器件的测试	8分	正确测量线路2分； 准确发现线路故障2分； 会做电子元器件的测试2分； 结果记录与处理2分	
10		检查发动机油状态	5分	检查机油油位、油质1分； 检查机油压力1分； 工具选用与使用正确1分； 操作规范，液体防范2分	
11	检修机械相关性	检查凸轮轴执行器外观与安装	6分	检查外观2分； 检查安装情况2分； 检查规范、到位2分	
12		检查执行器内部是否损坏	6分	检查内部阀体2分； 检查油道状况2分； 工具选用与操作规范2分	
13		检查凸轮轴位置传感器的安装	8分	检查安装对位情况2分； 检查信号齿有无损坏2分； 检查信号齿与传感器间隙2分； 检查规范、到位2分	
14		检查曲轴位置传感器安装与磁阻轮状况	7分	检查传感器安装对位不松1分； 检查磁阻轮安装对位1分； 检查磁阻轮与传感器间隙1分；	

续上表

序号	操作内容	规定分	评分标准	得分
14	检修机械相关性	检查曲轴位置传感器安装与磁阻轮状况	7分	拆装工具选用与操作规范2分； 检查工具选用与方法2分	
15		检查正时皮带、张紧度和正时标记	8分	工具选用、拆装操作2分； 检查皮带1分； 检查皮带张紧度1分； 检查正时标记1分； 检查方法与操作规范3分	
16		检查VVT机构安装情况	6分	拆装操作2分； 检查安装情况1分； 检查转动情况1分； 检查方法与操作规范2分	
17		5S表现	5分	注意收拾整理2分； 注意清洁1分； 操作有条理2分	
18		安全生产	—	造成人身轻伤或财物部分损坏扣50分； 造成重大伤害或财物损毁停止操作,技能考核不给分	
	总分		100分		

项目八　检修排放控制系统

学习任务 16　检修排气与燃油蒸发控制装置

学习目标

☞ **知识目标**

1. 掌握发动机排气系统的基本组成及原理；
2. 了解燃油蒸发排放电磁阀的位置与作用。

☞ **技能目标**

1. 学会正确使用排气背压表测量排气压力；
2. 熟练规范检修燃油蒸发控制系统。

☞ **素养目标**

1. 牢固规范使用各种仪器、设备的意识，并积极沟通和交流检修心得；
2. 了解我国汽车排放控制法规的发展历程，掌握相关法规，牢固树立法制意识。

建议课时

6 课时。

一辆轿车到汽车检测站进行整车检测时，检测报告显示尾气排放检测不合格，建议车主维修车辆后再进行汽车尾气排放检测。

一　理论知识准备

汽车排放控制系统一般由排气歧管、排气管、三元催化转换器、温度传感器、消声器和排气尾管等组成,如图 16-1 所示。废气排放路径为:排气门→排气歧管→排气管→三元催化转换器→消声器→排气尾管→大气。

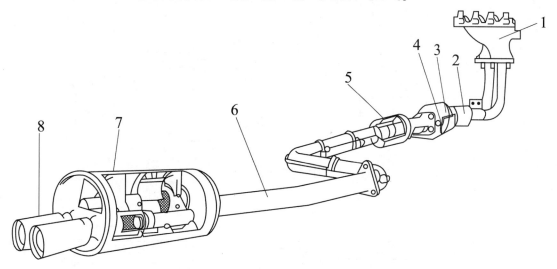

图 16-1　单排气系统的组成
1-排气歧管;2-前排气管;3-三元催化转换器;4-温度传感器;5-副消声器;6-后排气管;7-主消声器;8-排气尾管

❶ 前、后排气管

排气管安装于发动机排气歧管和主消声器之间,使整个排气系统呈挠性联接,从而起到减振降噪、方便安装和延长排气消声系统寿命的作用。排气管由排气歧管和排气总管组成。排气歧管是与发动机汽缸体相连的、将各缸的排气集中起来导入排气总管的、带有分歧的管路。对它的要求主要是,尽量减少排气阻力,并避免各缸之间相互干扰。

直列式发动机有一个排气歧管,V 型发动机可有两个排气歧管,这两个排气歧管多数由一根叉形管连到一个排气总管上,称为单排气系统。有些 V 型发动机两个排气歧管各自连接一根排气管,称为双排气系统,如图 16-2 所示。

❷ 消声器

发动机排出的废气温度和压力较高,具有一定的能量,直接排入大气就会产生强烈的爆破声,且易带有火焰或火星。因此,发动机排气管内都装有消声器(图 16-3),以降低噪声,消除废气中的火焰或火星。

❸ 排气净化装置

安装在发动机外部的排气净化装置,主要有废气再循环系统(EGR)、二次空气喷射系统、三元催化转换器、燃油蒸发控制系统、恒温进气空气滤清器及曲轴箱通风等。

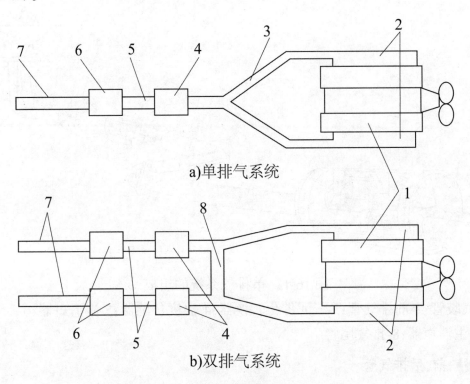

图 16-2 V 型发动机排气系统示意图

1-发动机;2-排气歧管;3-叉形管;4-三元催化转换器;5-排气管;6-消声器;7-排气尾管;8-连通管

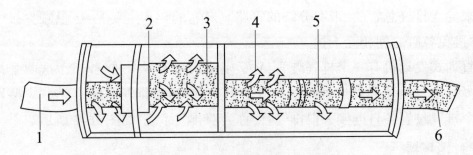

图 16-3 消声器结构示意图

1-排气管;2-节流管;3-反射管;4-吸声材料;5-排气管;6-废气

（1）三元催化转换器。三元催化转换器是安装在汽车排气系统中最重要的机外净化装置,它可将汽车尾气排出的 CO、HC 和 NO_x 等有害气体通过氧化和还原作用转变为无害的二氧化碳、水和氮气,使汽车尾气得以净化。

三元催化转换器（图 16-4）主要包括催化反应器和电子控制系统。催化反应器的壳体内有细小的蜂窝状隔板通道,通道表面涂以铂、钯、锗等贵金属起催化作用。图16-5是三元催化转换器的内部结构。

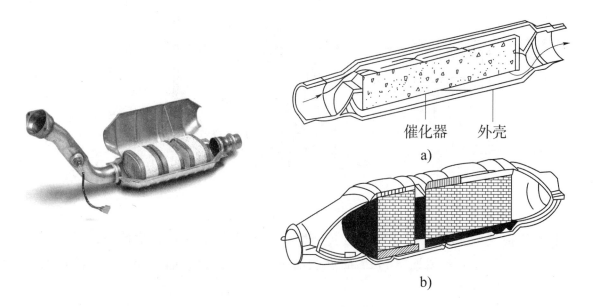

图16-4　三元催化转换器　　图16-5　三元催化转换器的结构示意图

（2）燃油蒸发控制系统。燃油蒸发排放控制又叫汽油蒸气排放控制系统,是汽车发动机辅助控制系统之一,也是汽车发动机排放控制系统之一。它收集汽油箱的汽油蒸气,并将汽油蒸气导入汽缸参加燃烧,从而防止汽油蒸气直接排出大气而防止造成污染。同时,根据发动机工况,控制导入汽缸参加燃烧的汽油蒸气量,提高燃油经济性。

燃油蒸发控制系统主要由活性炭罐储存装置、燃油蒸发净化控制装置和燃油箱燃油蒸发控制装置组成,如图16-6所示。发动机工作时,ECU根据发动机转速、温度、空气流量等信号,控制炭罐电磁阀的开闭来控制真空控制阀上部的真空度,从而控制真空控制阀的开度。当真空控制阀打开时,燃油蒸汽通过真空控制阀被吸入进气歧管。发动机怠速或温度较低时,ECU使电磁阀断电,关闭吸气通道,活性炭罐内的燃油蒸气不能被吸入进气歧管。

燃油蒸汽排放电磁阀悬空安装在发动机前方右侧顶部的缸体外部支架上,位于1、2缸进气歧管上方,燃油蒸汽排放电磁阀悬空安装,连接有燃油蒸发管,如图16-7所示。此元件为电磁式开关阀体执行器,其作用是当发动机运行时,ECU给其通电打开活性炭罐到进气道之间的阀门,让从燃油箱蒸发的汽油通过进气道进入发动机燃烧,减少蒸发的汽油污染环境。

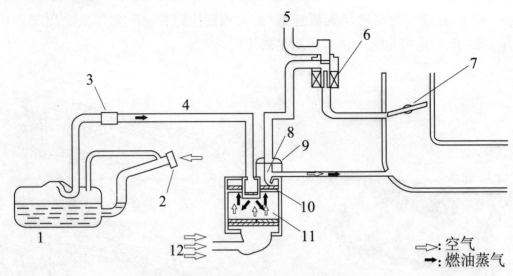

图 16-6 燃油蒸发控制系统组成

1-燃油箱;2-油箱盖;3-止回阀;4-通气管路;5-接进气缓冲室;6-活性炭罐通气电磁阀;7-节气门;8-主通气口;9-活性炭罐通气阀;10-定量通气小孔;11-活性炭罐;12-新鲜空气

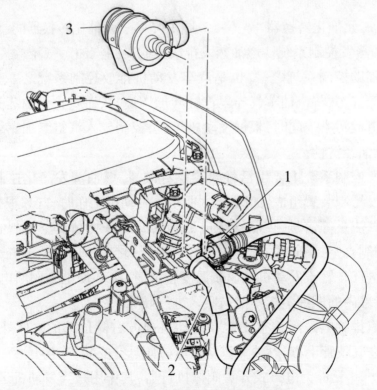

图 16-7 燃油蒸汽排放电磁阀

1-燃油蒸发排放供给软管;2-燃油蒸发进缸软管;3-燃油蒸汽排放电磁阀

二 任务实施

❶ 准备工作

(1)准备一台实训车辆并将车辆停放在安全的检测区域。

(2)准备排气背压表及故障诊断仪。

(3)准备手电筒、手套等外观目视检查时所需要的必须工具。

(4)确认驻车制动器操纵杆已拉紧、换挡杆处于 P 挡位置或 N 挡,确认车辆安全停放。

(5)打开发动机舱盖,安装好车辆挡块、翼子板布、防护三件套等车辆防护用品。

❷ 技术要求与注意事项

(1)不同的车型和不同的发动机电子控制系统,其零部件型号和安装位置不尽相同,需视具体车型或发动机系统调整部件检查的方法、步骤。

(2)在必须拔出元器件的连接器之前,请先关掉点火开关。

❸ 操作步骤

1)利用排气背压表检查排气堵塞故障

(1)排气背压表一般是连接在装氧传感器或空燃比传感器的位置,所以,连接时,要注意拧紧的力矩,注意不能过大(损坏螺纹),也不能松(防止漏气)。

(2)连接排气背压表后,注意观察急速时指示的范围,如不超过 $0.08kg/cm^2$ 时,可以将发动机转速提高到 3000r/s,检查压力是否超过 $0.15kg/cm^2$(超过 $0.15kg/cm^2$ 就可能是排气堵塞)。

(3)如果急速时,压力超过 $0.2kg/cm^2$ 的刻度,则应立即熄火,不允许提高发动机转速,以防止仪器损坏。

(4)由于排气温度较高,测试时间应尽量缩短,避免仪器连接的橡胶软管部件由于长时间的高温而损坏。

(5)排气背压表拆下后,应采用自然冷却降温的方式,不能强行降低温度,待接头温度和室外温度一致时,方可将仪器放入盒内。

2)检修燃油蒸发控制系统电路故障

以通用雪弗兰科鲁兹车型为例,主要对燃油蒸发控制系统中燃油蒸气排放电磁阀电路故障检修进行教学。

燃油蒸气排放电磁阀的电路控制如图 16-8 所示。

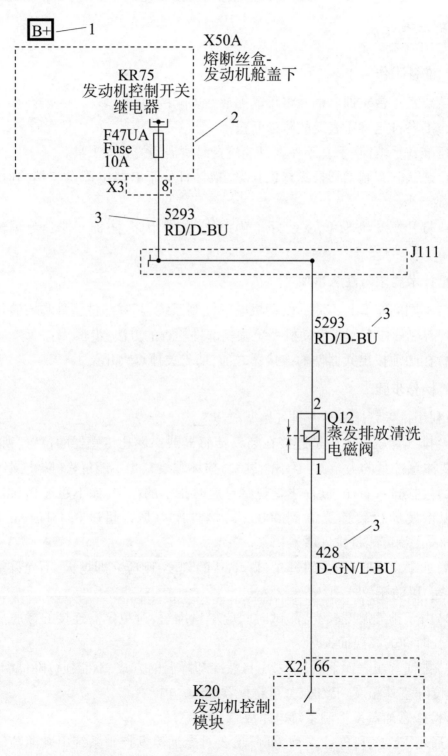

图 16-8 燃油蒸气排放电磁阀的电路控制图

1-电源正极;2-47 号保险;3-线路型号及颜色

项目八 检修排放控制系统

使用博世 KT660 故障诊断仪检测,读取故障码为 P0458——蒸发排放(EVAP)电磁阀控制电路电压过低。查阅维修手册,确定故障范围可能在蒸气排放电磁阀电路,现对该故障进行检修。

(1)部件测试。

方法一:

①将点火开关置于 OFF 位置,断开 Q12 燃油蒸气排放电磁阀线束连接器,如图 16-9 所示。

②在点火端子 2 和 12V 电压之间安装一条带 3A 熔断丝的跨接线。在控制端子 1 和搭铁之间安装一条跨接线,如图 16-10 所示。

a)   b)

图16-9 断开 Q12 燃油蒸气排放电磁阀线束连接器示意图

图 16-10 安装跨接线示意图

③燃油蒸气排放电磁阀接通或断开时应发出咔嗒声。如果蒸气排放电磁阀接通或断开时发出咔嗒声,那么部件正常。

方法二:

①将点火开关置于 OFF 位置,断开 Q12 燃油蒸气排放电磁阀线束连接器。

②测试控制端子 1 和点火端子 2 之间的电阻应为 10~30Ω。如果不在 10~30Ω 之间,更换 Q12 燃油蒸气排放电磁阀;如果在 10~30Ω 之间,此电磁阀部件正常。

(2)检测燃油蒸气排放电磁阀电路。

①将点火开关置于 OFF 位置,断开 Q12 燃油蒸气排放电磁阀线束连接器。将点火开关置于 ON 位置。

②检查燃油蒸气排放电磁阀电路点火电压端：使用数字万用表电压挡，正表笔接在该连接器 2 号端子，负表笔接电源负极，如图 16-11 所示。观察万用表示数约等于电源电压，判断点火电压线路正常。

③检查燃油蒸气排放电磁阀控制电路端，断开 K20 发动机控制模块 X2 模块的线束连接器。

首先，使用数字万用表 Ω 挡，测量 Q12 燃油蒸气排放电磁阀 1 号端与 K20 发动机控制模块 X2 模块 66 号端之间电阻小于 2Ω，判断端对端线路无断路，如图 16-12 所示。

a) Q12 电磁阀1号端与 K20·X2/66号端之间电阻小于2Ω

b) K20·X2/66号端

图 16-11 检查燃油蒸气排放电磁阀电路正极端线路

图 16-12 检查燃油蒸气排放电磁阀控制电路

其次，使用数字万用表 Ω 挡，测量 K20 发动机控制模块 X2 模块 66 号端与电源负极之间电阻不为无穷大。判断 Q12 燃油蒸气排放电磁阀 1 号端与 K20 发动机控制模块 X2 模块 66 号端之间线路对搭铁短路，如图 16-13 所示。

（3）修复短路线路，恢复元器件、线束安装位置，再次用故障诊断仪读取故障码，未再次出现故障码 P0458，该故障排除。

三 学习拓展（汽油车双怠速尾气排放检验）

汽油车双怠速尾气排放检验方法如下。

1 检验前的仪器准备

装上长度等于 5m 的取样软管和长度不小于 400mm 并有插深定位装置的取样探头。检查取样软管和探头内残留 HC 不得大于 20×10^{-6};仪器的取样系统不得有泄漏。

2 待检车辆准备

(1) 发动机点火正时应准确并达到规定的热状态;

(2) 排气系统不得有漏气现象。

3 检验程序

(1) 发动机由怠速状态加速至 70% 的额定转速,运转 30s 后降至高怠速。将取样探头插入排气

图 16-13 检查线路搭铁故障

管中,深度等于 400mm,并固定在排气管上。维持 15s 后,由具有平均值功能的仪器读取 30s 内的平均值,或者人工读取 30s 内的最高值和最低值,其平均值即为高怠速污染物测量结果。在有争议的情况下,以前一种方式读取值为准。对于使用闭环控制电子燃油喷射系统和三元催化转换器技术的汽车,还应读取过量空气系数(λ)的数值。

(2) 发动机从高怠速降至怠速 15s 后,由具有由具有平均值功能的仪器读取 30s 内的平均值,或者人工读取 30s 内的最高值和最低值,其平均值即为怠速污染物测量结果。

(3) 若为多排气管,则取各排气管测量结果的算术平均值作为测量结果。表 16-1 为双怠速工况检测表。

双怠速工况检测表 表 16-1

0.7 倍的额定转速	0.5 倍的额定转速		怠速转速	
30s	15s	30s	15s	30s
预热	插探头-稳定	读平均值	稳定	读平均值

④ 注意事项

(1) 检查时关闭影响转速的电器：确认空调、暖风等附属装备处于关闭状态。

(2) 确认车辆工作信息：确认车辆进、排气系统没有泄漏；确认车辆发动机、变速器和冷却系统等没有液体泄漏。

(3) 预热检测车辆，使冷却液温度和润滑油温度不低于80℃，或者达到汽车使用说明书规定的热车状态。

(4) 检验时，发动机怠速应符合规定；

(5) 检验结束后，抽出取样探头，待仪表指针回到零位，再检测下一辆车。

(6) 应选择通风良好的地方检测；严禁在有油或有机溶剂的地方检测；取样探头不用时要垂直吊挂，防止因其他污染或受损而影响检测精度。

(7) 对于使用闭环控制电子燃油喷射系统和三元催化转换器技术的汽车进行过量空气系数(λ)的测定。发动机转速为高怠速时，λ应在1.00 ± 0.03或制造厂规定的范围内。

(8) 过量空气系数(λ)即燃烧1kg燃料实际空气量与理论上所需空气量之质量比。

思政小模块

废旧蓄电池的回收环保小知识

长时间使用汽车蓄电池后，蓄电池因化学反应物质还原功能丧失等而达到报废程度，在对其进行回收处理时需要注意环境保护，不能随便丢弃。

根据《废旧电池回收技术规范》(GB/T 39224—2020)，废旧蓄电池回收的全过程都要重视环境保护问题，不能对人类赖以生存的美好地球环境造成污染。

四 评价与反馈

① 自我评价

(1) 通过本学习任务的学习，你是否已经知道以下问题：

① 汽车燃油蒸气排放电磁阀的作用是什么？

_____。

② 燃油蒸气排放电磁阀电路检测用到了哪些设备或工具有哪些？

_____。

(2)汽车排气系统的组成是什么?

(3)实训过程完成情况如何?

(4)通过本学习任务的学习,你认为自己的知识和技能还有哪些欠缺?

签名:＿＿＿＿＿＿＿＿　　　＿＿＿年＿＿月＿＿日

❷ 小组评价(表16-2)

小组评价表　　　　　表16-2

序号	评价项目	评价情况
1	着装是否符合要求	
2	是否能合理规范地使用仪器和设备	
3	是否按照安全和规范的流程操作	
4	是否遵守学习、实训场地的规章制度	
5	是否能保持学习、实训场地整洁	
6	团结协作情况	

参与评价的同学签名:＿＿＿＿＿＿＿＿　　　＿＿＿年＿＿月＿＿日

❸ 教师评价

教师签名:＿＿＿＿＿＿＿＿　　　＿＿＿年＿＿月＿＿日

五　技能考核标准

检修燃油蒸气排放电磁阀电路的考核标准见表16-3。

技 能 考 核 标 准　　　　　表16-3

序号	操作内容	规定分	评分标准	得分
1	利用故障诊断仪读取故障码	安全确认	8分	确认车辆停放平稳2分; 安装车轮挡块2分; 确认驻车制动器操纵杆已拉紧2分; 确认变速杆位于P挡2分|

续上表

序号	操作内容		规定分	评分标准	得分
2	利用故障诊断仪读取故障码	前期准备	6分	安装尾气收集管2分； 安装车内防护件2分； 安装车外防护件2分	
3		连接诊断仪	8分	开机确认仪器正常2分； 选择正确诊断接口2分； 连接前关闭仪器2分； 关闭点火开关到OFF 2分	
4		记录车辆铭牌信息	4分	记录VIN、车型、发动机型号、排量各1分	
5		选择诊断仪功能	2分	能正确选择"汽车故障诊断"功能2分	
6		选择车型	4分	根据车辆信息选择车型2分； 根据车辆信息选择年份2分	
7		选择发动机	4分	根据信息选发动机型号2分； 根据信息选发动机参数2分	
8		选择检查项目	3分	正确选择"读取故障码"3分	
9		读取故障码操作	9分	能调阅到故障码3分； 记录故障码及含义3分； 理解故障码的指向3分	
10	燃油蒸气排放电磁阀电路检修	认识与查找元器件	4分	根据故障码查找到元件2分； 查资料或靠理解记忆找2分	
11		外观检查	6分	查看安装状况并判断2分； 查看连接状况并判断2分； 查看线束状况并判断2分	
12		部件测试	6分	会运用维修手册进行规范的操作	

续上表

序号	操作内容		规定分	评分标准	得分
13	燃油蒸气排放电磁阀电路检修	电路检测	18分	万用表的正确使用2分； 测量思路正确4分； 测量方法正确4分； 操作过程规范4分； 正确判断测量结果4分	
14		使用工具	10分	使用照明工具查看2分； 使用碰触工具用力适当2分； 正确选择拆装工具2分； 掌握拆装技巧2分； 工具不掉落不随便放置2分	
15		5S表现	5分	注意收整2分； 注意清洁1分； 操作有条理2分	
16		操作记录	3分	关键信息、参数不遗漏3分	
17		安全生产	—	造成人身轻伤或财物部分损坏扣50分； 造成重大伤害或财物损毁停止操作，技能考核不给分	
	总分		100分		

附件1 发动机电子控制系统诊断推理训练作业单

训练日期：___月___日 所属元件：_____ 操作员：_____ 指导员：_____

1驾驶人描述：						
2可能故障码：						
3前期准备：						
4故障现象确认操作：						
5连接诊断仪，读取故障码：						
基本检查：						
6读取数据：	动态相关：			动态相关：		
确认故障码：						
7故障范围：	可能：			不可能：		
8-9部件检查：		测试：				
10线路测量：	线路范围	参数与结果	判	线路范围	参数与结果	判
11非电检修：						
12故障机理与推理小结：						

附件2 发动机电子控制系统诊断评分表

操作员姓名：_____   完成时间：_____min_____s   总分100分

序号	项目	配分	操作内容	评分标准	得分
1	前期准备	5分	安装座椅套、安装地板垫、安装转向盘套；安装翼子板布、安装前格栅布；工具仪器准备	安装座椅套、安装地板垫、安装转向盘套1分；安装翼子板布1分；安装前格栅布1分；工具仪器准备2分	
2	安全检查	5分	安装车轮挡块，检查机油、冷却液、驻车制动，现场安全检查确认	一项没做扣一分，做不到位扣0.5分	
3	仪器连接	6分	点火开关关闭，正确连接诊断仪器	连接前点火开关未关闭扣3分；正确连接诊断仪器3分	
4	故障现象确认	8	加速，观察发动机转速及运转情况	加速到2000r/min以上2分；观察急速转速2分；检查是否抖动2分；观察故障灯是否点亮2分	
5	故障码检查	4分	正确读取并记录故障码	正确读取故障码3分；记录故障码1分	
6	正确读取数据和清除故障码	6分	数据中反应故障码特征的相关动态数据；清除故障码	正确读取相关动态数据4分；清除故障码2分	
7	安装状态目视检查	4分	管线连接、机件状况	不做外观检测直接扣4分（凸轮轴进排气、VVT电磁阀、点火线圈、喷油器、空气流量传感器、冷却液温度传感器）	
8	确认故障范围	4分	起动发动机，检查发动机运行状态	急速检查1分；加速检查1分；功能测试2分	
9	故障码再次检查	6分	正确读取并记录故障码，相关数据流内容，故障码再次清除	正确读取并记录故障码2分；相关数据流内容2分；故障码再次清除2分	

续上表

序号	项目	配分	操作内容	评分标准	得分
10	元件测试和安装状态检查	8分	正确查阅资料确认测试接头及线路,正确选择测量仪具,正确连接测量仪具,正确读取和记录数据,正确分析测量结果	正确查阅资料确认测试接头及线路2分; 正确选择测量仪具1分; 正确连接测量仪具1分; 正确读取和记录数据1分; 正确分析测量结果3分	
11	电路测量	10分	正确查阅资料确认测试接头及线路,正确选择测量仪具,正确连接测量仪具,正确读取和记录数据,正确分析测量结果	正确查阅资料确认测试接头及线路2分; 正确选择测量仪器和工具2分; 正确连接测量仪器和工具2分; 正确读取和记录数据2分; 正确分析测量结果2分	
12	故障点确认和排除	8分	正确说明故障点,正确排除故障点	正确说明故障点4分; 正确排除故障点4分	
13	故障码再次检查	6分	正确读取并记录故障码,相关数据流内容,故障码再次清除	正确读取并记录故障码2分; 相关数据流内容2分; 故障码再次清除2分	
14	信号波形	10分	正确查阅资料确认波形,正确记录和说明波形	正确查阅资料确认波形2分; 正确记录波形4分; 分析判断波形4分	
15	文明安全作业	10分	正确使用工具量具; 清洁整理工作台面及工具; 操作现场整洁有序	不能正确使用工具3分; 工作台面及工具未整理3分; 操作现场不整洁4分	
总分		100分			

组长签字:_____ 指导教师签字:_____ ___年___月___日

附件3　通用车系发动机电子电器示意符号集

❶ 电源指示符号

符号	B+	IGN 0	IGN I	IGN II	IGN III	
含义说明	蓄电池电压	点火开-Off(关)位置	点火开-Accessory(附件)位置	点火开-Run(运行)位置	点火开-Start(起动)位置	搭铁

❷ 发动机ECU模块电路功能符号

符号						
含义说明	输入/输出下拉电阻(-)	输入/输出上拉电阻(+)	输入/输出高压侧驱动开关(+)	输入/输出低压侧驱动开关(-)	输入/输出双向开关(+/-)	串行数据
符号	B+	IGN	5V			
含义说明	蓄电池电压	点火电压	5V电源电压	低电平参考电压	脉宽调制符号	

❸ 线束部件符号

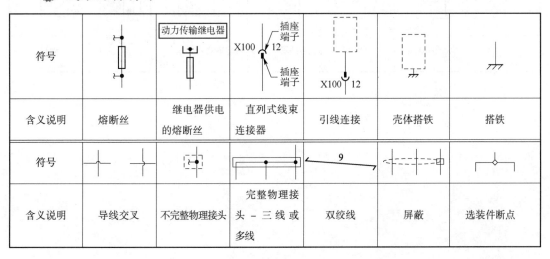

续上表

符号		
含义说明	非完整部件 当某个部件采用虚线框表示时,表明该部件或其接线并未完整显示	完整部件 当某个部件采用实线框表示时,表明该部件或其接线已完整显示

❹ 装置和传感器符号

符号						
含义说明	蓄电池	发光二极管（LED）	光电传感器	二极管	电容器	加热元件
符号						
含义说明	电阻器	可变电阻器	负温度系数电阻器	位置传感器	易断裂导线	SIR 线圈
符号						
含义说明	爆震传感器	压力传感器	感应型传感器-3线	感应型传感器-2线	3线霍尔传感器	2线霍尔传感器
符号						
含义说明	执行器电磁阀	电磁阀	氧传感器-2线	氧传感器-4线	正温度系数电动机	电动机

参考文献

[1] 张弟宁.汽车发动机构造与维修[M].北京:人民交通出版社股份有限公司,2017.

[2] 陈文均.汽车电工电子基础[M].北京:人民交通出版社股份有限公司,2017.

[3] 谢婉茹.汽车故障诊断与排除[M].北京:机械工业出版社,2017.

[4] 弋国鹏,赵龙.汽车故障诊断技术[M].北京:人民交通出版社股份有限公司,2018.

[5] 王征.汽车维修案例分析[M].2版.北京:人民交通出版社股份有限公司,2018.

[6] 李学友,姚秀驰.汽车故障诊断与检测[M].北京:人民交通出版社股份有限公司,2019.

[7] 陈瑜,雍朝康.汽车发动机构造与拆装[M].3版.北京:人民交通出版社股份有限公司,2019.